Knaus

Luciano De Crescenzo

# Die Zeit und das Glück

*Aus dem Italienischen*
*von Bruno Genzler*

Albrecht Knaus

Titel der Originalausgabe: Il Tempo e la Felicità
Originalverlag: Arnoldo Mondadori Editore, Milano

*Umwelthinweis:*
Dieses Buch und sein Schutzumschlag wurden auf chlorfrei gebleichtem Papier gedruckt.
Die vor Verschmutzung schützende Einschrumpffolie ist aus umweltschonender und recyclingfähiger PE-Folie.

Der Albrecht Knaus Verlag
ist ein Unternehmen der Verlagsgruppe Bertelsmann

1. Auflage

First published by
Arnoldo Mondadori Editore, Milano, 1998

Umschlaggestaltung: Groothuis & Consorten, Hamburg
Gesetzt aus 11/14,5 pt. Baskerville BQ
Satz: Filmsatz Schröter GmbH, München
Druck und Bindung: GGP Media GmbH, Pößneck
Printed in Germany
ISBN 3-8135-0132-9
www.knaus-verlag.de

# INHALT

# VORWORT

Zeit und Glück: Was haben die eigentlich miteinander zu tun? Auf den ersten Blick gar nichts, bei genauerem Hinsehen aber eine ganze Menge, denn beide sind untrennbar an die Gegenwart gebunden. Doch der Reihe nach.

Die Zeit ist die Gegenwart, also jener kurze Augenblick, der die Vergangenheit von der Zukunft trennt. Doch wenn die Vergangenheit schon nicht mehr und die Zukunft noch nicht ist wie kann es dann die Zeit, verstanden als Grenze zwischen diesen nicht existierenden Zeiträumen, überhaupt geben? Ähnlich verhält es sich mit dem Glück. Glücklich zu sein bedeutet, mit der Gegenwart zufrieden zu sein. Hört man sich jedoch um, ist fast jeder der Überzeugung, in der Vergangenheit glücklich gewesen zu sein, und jedermann hofft, dass ihm auch die Zukunft Glück bringen werde. Geht es jedoch darum anzuerkennen, genau in jenem Moment glücklich zu sein, in dem man sich die Frage stellt, tun sich viele von uns, seien wir ehrlich, recht schwer.

Es gibt keine Vergangenheit, sondern nur eine Gegenwart der Vergangenheit (die dann «Erinnerung» genannt wird). Es gibt keine Zukunft, sondern nur eine Gegenwart der Zukunft (die «Hoffnung» heißt). Das Einzige, was wirklich existieren könnte, ist die Gegenwart, oder genauer, die Gegenwart der Gegenwart (die dann letztendlich die «Intuition» wäre). Sich das klarzumachen ist schon eine Leistung.

Beschäftigen wir uns einen Augenblick mit der berühmten Frage: «Wer sind wir, woher kommen wir, wohin gehen wir?» Eine Beantwortung setzt zumindest die Kenntnis dreier Anhaltspunkte voraus, die alle drei mit der Zeit zu tun haben: Wo waren wir, bevor wir geboren wurden? Wo sind wir in diesem Moment? Was geschieht mit uns nach dem Tod?

Die Zeit zu verstehen bedeutet, das Leben zu verstehen, und daraus folgend auch das Glück. Aber das ist leichter gesagt als getan. Denn wenn wir uns über die Zeit Gedanken machen, laufen wir stets Gefahr, den Überblick zu verlieren.

Dreihundertfünfzig Jahre vor Augustinus hat Seneca das Thema Zeit ausführlich behandelt – in den Briefen an Lucilius, den *Epistulae morales ad Lucilium*, und vor allem in dem Dialog *De brevitate vitae*. Zum Thema Glück sei der Dialog *De vita beata* empfohlen, den Seneca seinem Bruder Annaeus Novatus widmete, der auf Befehl Neros ermordet wurde. Vielleicht jedoch sollte man richtiger sagen, dass alle Schriften Senecas, von der ersten bis zur letzten, die Themen Zeit und Glück behandeln.

Manche Menschen fürchten, dass das Glücklichsein ein fernes, ja fast unerreichbares Gut sei. Und so laufen sie ihm unablässig hinterher in der Hoffnung, etwas davon zu erhaschen, ohne zu merken, dass sie sich umso weiter davon entfernen, je verbissener sie ihm nachlaufen. Das Glück jedoch ist, wie Seneca lehrt, ein sehr nahes Gut, das in jedermanns Reichweite liegt: Man muß nur stehen bleiben, um es aufzuheben. Was mich irgendwie an eine Weisheit des göttlichen Buddha erinnert: «Es ist einfacher, glücklich zu sein, indem man eine Ameise vor dem Ertrinken rettet, als dadurch, ein Weltreich zu gründen.»

*Luciano De Crescenzo*

# IM KELLER

Ich lebe in Rom, in der Via dei Fori Imperiali, gerade mal zwanzig Meter vom Nerva-Forum entfernt. Lehne ich mich aus dem Fenster, sehe ich den Minerva-Tempel, ein Stückchen weiter rechts den Tempel des Mars Ultor und rundherum überall Säulen, Kapitelle und Marmor ohne Ende. Eines Tages überlegte ich mir dann: «Kann das eigentlich sein, dass dort drüben all die archäologischen Schätze liegen und hier, unter meinem Haus, gar nichts?» Ich beschloss, der Sache auf den Grund zu gehen, kaufte mir eine Schaufel und eine Spitzhacke, und eines schönen Abends kurz vor Mitternacht begann ich mit den Ausgrabungsarbeiten. Wo? In meinem Keller natürlich.

Zunächst hob ich eine Grube von einem Meter mal einem Meter aus, in der ich relativ bequem stehen konnte, und arbeitete mich dann Nacht für Nacht immer weiter ins Erdreich vor. Es war mühsam, aber davon merkte ich fast gar nichts. Das Graben auf der Suche nach irgendetwas ist ja eine Art Droge, von der man schon bald nicht mehr loskommt. Manchmal kehrte ich vollkommen erschöpft in meine Wohnung zurück, schleppte mich ins Schlafzimmer und ließ mich dort aufs Bett fallen. Aber anstatt zu schlafen, grub ich in Gedanken weiter. Im Dunkel meines Schlafzimmers sah ich Marmorstatuen aus dem Fußboden wachsen und silberne Schatullen, die sich von alleine öffneten und mir ihren kostbaren Inhalt, ein Meer von Goldmünzen, zeigten.

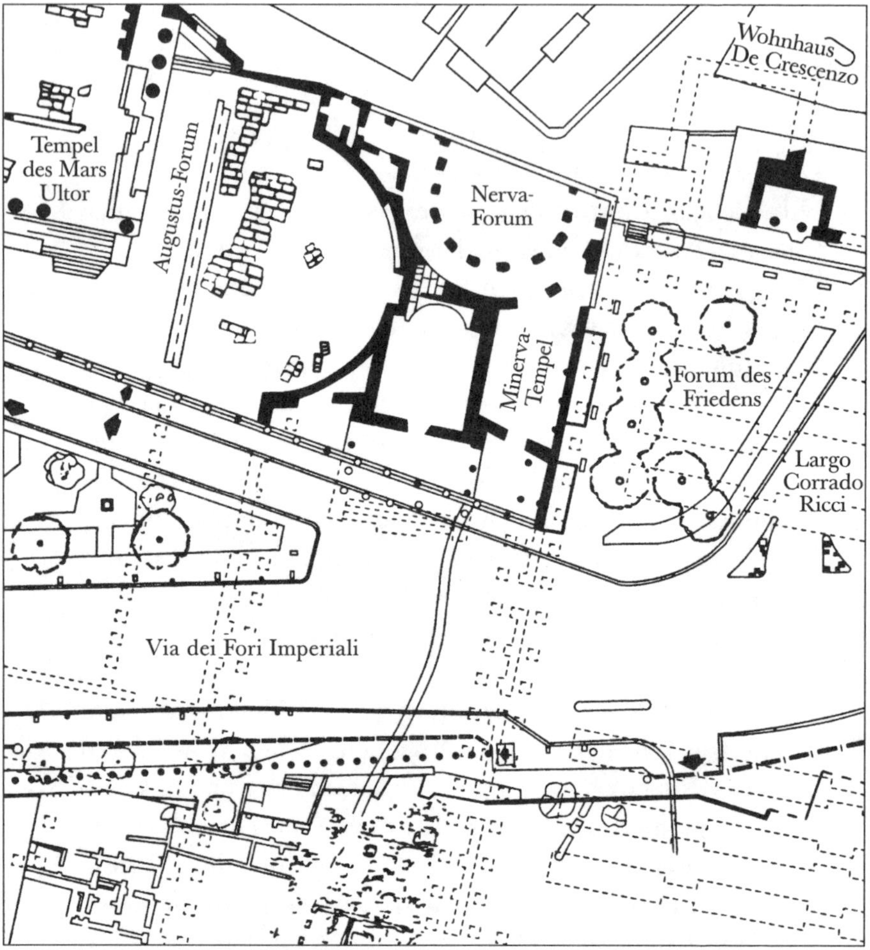


In nicht einmal einer Woche stieß ich bis zu den Seitenwänden des Kellers vor. Noch zwanzig Zentimeter und ich hätte die Stabilität des gesamten Gebäudes in Gefahr gebracht. Aus dem Loch der ersten Stunden war mittlerweile ein richtiger Krater von drei Metern Tiefe geworden, vielleicht sogar mehr. Um hinunterzugelangen, brauchte ich schon eine lange Leiter, wie sie die Maler benutzen. Es hört sich unglaublich an, aber im Laufe eines Monats schaffte ich es, einen unterirdischen Hohlraum zu schaffen, der größer war als der Keller selbst.

Anfangs finde ich nichts Interessantes, abgesehen von einem enormen Abwasserrohr, bei dem ich höllisch aufpassen muss, damit ich es mit der Spitzhacke nicht beschädige. Doch dann kommen mehr und mehr antike Dinge zum Vorschein. Ich stoße auf imposante, fast einen Meter breite Mauern, die von oben bis unten mit *opus reticulatum* verkleidet sind, mit jenen rautenförmigen Würfelchen aus Tuffstein also, wie sie für römische Bauwerke typisch waren. Einen Meter tiefer kann ich dann endlich, mit vor Aufregung zitternden Händen, ein Dutzend Tonscherben auflesen, von denen eine sogar mit einem schönen bunten Ornament am Rand versehen ist: Offensichtlich gehörten sie einmal zu einem Tafelservice einer Patrizierfamilie aus der Kaiserzeit.

Nun, ich bin kein Experte, und das genaue Alter der Scherben festzulegen übersteigt meine Fähigkeiten. Wenn ich mich dennoch erkühne, hier vom ersten Jahrhundert nach Christus zu sprechen, dann nur, weil ich weiß, dass die Erbauer der Foren, auf deren Trümmern später auch mein Haus errichtet wurde, die Kaiser Nerva und Vespasian waren und zu jener Zeit gelebt haben. Sicher weiß ich aber, dass diese Tonscherben fast zwanzig Jahrhunderte dort unter der Erde ruhten und dass ich sie mit eigenen Händen ans Tageslicht gebracht habe. Wie soll es jetzt weitergehen? Einen Fachmann zu Rate zu ziehen könnte gefährlich werden. Genau kenne ich die Bestimmungen nicht, bin mir aber ziemlich sicher, eine Straftat begangen zu haben, nichts Schwerwiegendes, aber immerhin. Ich muss vorsichtig sein. Der Mieter vom ersten Stock, Dottor Canessa, ist schon misstrauisch geworden. Einmal hat er mich angesprochen: «Ingegnere«, sagte er, «gestern Abend gegen elf habe ich gesehen, wie Sie in den Keller hinuntergegangen sind. Und heute Morgen um sechs, als ich mir die Zeitung holte, habe ich Sie wieder heraufkommen sehen. Was haben Sie denn dort getrieben, so mutterseelenallein ...?» Dann eine Pause, und schließlich der Stich: «...oder waren Sie vielleicht gar nicht so allein?»

Und an diesem Punkt schleicht sich ein Lächeln in sein Gesicht, eine unmissverständliche Anspielung, dass ich wohl in süßer Begleitung die Nacht im Keller verbracht hätte. Auch ich lächle – lieber soll er mich für einen Kellerplayboy als für einen illegalen Schatzgräber halten. Ich muss aufpassen. Man weiß ja, wie solche Dinge enden: Man zieht einen Nachbarn ins Vertrauen, der kann den Mund nicht halten und erzählt irgendwann alles den Kollegen im Büro. Am nächsten Tag hat man dann die Carabinieri im Haus und die Männer vom «Amt für historische und kulturelle Güter», die in puncto illegaler Ausgrabungen überhaupt keinen Spaß verstehen.

In den darauf folgenden Nächten grabe ich fleißig weiter; eine Marmorplatte kommt zum Vorschein, auf der eine verschleierte Frau dargestellt ist, die ich sogleich «die Vestalin» taufe. Leider ist die Platte in der Mitte durchgebrochen, und meine Vestalin hat keine Beine mehr. Einen halben Meter davon entfernt finde ich eine zweite Marmorplatte, größer noch als die erste, mit eingemeißelten parallelen Linien und Pünktchen sowie drei mysteriösen Buchstaben: PPI. Ich habe keine Ahnung, was sie bedeuten könnten. Hauptsache, mein Privatmuseum hat zwei neue Fundstücke dazugewonnen! Um es kurz zu machen – ich bin wie besessen und kann es tagsüber kaum abwarten, bis es endlich dunkel wird und ich meine Grabungsarbeiten wieder aufnehmen kann. «Früher oder später», sage ich mir, «werde ich einen Schatz finden.»

Bis jetzt habe ich noch mit keiner Menschenseele über mein Abenteuer gesprochen.

# ALESSIA

Den zweiten Schritt meines Abenteuers mache ich, als die offiziellen Ausgrabungsarbeiten beim Nerva-Forum aufgenommen werden. Von meinem Fenster aus sehe ich plötzlich einen Bagger anrücken, dazu einige Arbeiter und die Leiterin der Ausgrabungen, Dottoressa Rizzo. Sofort eile ich hinüber zu den Foren.

Dottoressa Rizzo erkennt mich.

«Ach, Signor De Crescenzo! Schön, Sie zu sehen. Wie geht es Ihnen?»

«Gut, gut. Und was machen Sie hier?», frage ich zurück.

«Das Projekt ‹Kaiserforen› läuft heute an», antwortet sie mit einem freundlichen Lächeln.

«Was ist das für ein Projekt?»

«Na, Ausgrabungen. Wir fangen gleich heute beim Nerva-Forum an, als Nächstes kommt das Caesar-Forum dran, und zum Schluss folgt dann das Trajan-Forum. Bis zum Jubiläumsjahr soll das ganze Areal im Tageslicht erstrahlen.»

Von jenem ersten Tage an bin ich der interessierteste und hartnäckigste Beobachter der Grabungsarbeiten. Pünktlich zum Arbeitsbeginn stehe ich jeden Morgen dort, so, als sei ich bei der zuständigen Behörde angestellt.

Unter Dottoressa Rizzos Mitarbeitern fällt mir eine junge Frau auf, eine gewisse Alessia. Ich schätze sie auf vielleicht dreiundzwanzig. Sie ist ziemlich hübsch, und mit der Zeit erfahre ich, dass sie die Assistentin von Dottoressa Rizzo ist, aber auch noch an der Universität in Literatur und Archäologie eingeschrieben ist.

«Was genau machst du hier eigentlich?», frage ich sie eines Tages.

«Ach, der Job hier ist Teil meiner Examensarbeit. Zunächst mal muss ich alle Fundstücke registrieren, die wir hier auf den Kaiserforen ausbuddeln.»

«Was heißt das genau?»

«Ich verpasse jedem Fundstück eine fortlaufende Nummer, und dann notiere ich alle wichtigen Merkmale: also Form und Material sowie Tiefe, Ort und Datum des Fundes.»

«Und was machst du in der Mittagspause?»

«Da esse ich eine Kleinigkeit in der Snackbar hier in der Nähe, auf dem Largo Corrado Ricci.»

Ich lade sie zum Essen ein. Wir bestellen zweimal Mozzarella Caprese und zwei Bier. Alessia glaubt natürlich, ich wolle ihr den Hof machen, und das wäre auch wirklich nicht verwunderlich. Schließlich ist sie eine sehr attraktive junge Frau, und ich genieße den (unverdienten) Ruf, ein stets abenteuerlustiger Single zu sein. Während des Essens unterhalten wir uns jedoch fast ausschließlich über Archäologie.

«Ich wohne dort drüben», erkläre ich und deute auf das Wohnhaus an der Ecke Largo Corrado Ricci / Via dei Fori Imperiali. «Praktisch also nur einen Steinwurf von den Kaiserforen entfernt.»

«Sie haben's gut!», unterbricht sie mich. «Ich wohne in Prima Porta. Da brauche ich morgens fast eine Stunde, um in die Innenstadt zu kommen.»

«Ja, aber was ich fragen wollte», rede ich weiter, um ein wenig das Terrain zu erkunden, «nehmen wir einmal an, ich würde unter meinem Haus zu graben anfangen, im Keller meine ich, was würde ich wohl finden?»

«Alles Mögliche: Ihr Haus steht genau über dem Forum

des Friedens, und nur wenige Meter entfernt beginnt die Subura[1].»

«Weißt du mehr über das Forum des Friedens?»

«Sicher. Kaiser Vespasian ließ es erbauen, um dort die Kriegsschätze zu lagern, die er in den Jüdischen Kriegen[2] erbeutet hatte», antwortet sie in einem Ton, als stecke sie in einer Archäologieprüfung. «Dort müssten übrigens auch Statuen griechischer Herkunft zu finden sein. Kaiser Vespasian wollte mit diesem Forum ein für alle Mal den Frieden zwischen der römischen und der griechischen Welt besiegeln.»

«Dann müsste man dort also nur fleißig graben, um unglaubliche Schätze zu finden?»

«Und ob!», antwortet Alessia lachend. «Sie könnten dort zum Beispiel den Schatz Jugurthas[3], eine Eisenkiste voller Goldbarren, finden, die Konsul Gaius Marius zwei Jahrhunderte vor dem Bau der Foren auf dem Gelände versteckt hat.»

Und so plaudern wir gut gelaunt weiter über Ausgrabungen und geheimnisvolle Schätze, wobei ich sie duze, sie mich aber weiterhin hartnäckig siezt. Irgendwann wird es mir dann zu bunt, und ich mache sie darauf aufmerksam.

«Alessia, sag mal, warum siezt du mich eigentlich? Es wäre doch viel netter, wenn du …»

[1] Dicht bevölkertes, von kleinen Gewerbetreibenden bewohntes Viertel des antiken Rom zwischen Quirinal, Cispius, Viminal und Esquilin.

[2] Kriegszüge im aufständischen Palästina, die Titus, Vespasians Sohn, im Jahre 70 n. Chr. nach fünfmonatiger Belagerung mit der Einnahme Jerusalems beendete.

[3] König von Nimidien, zunächst von Metellus, später auch von Marius besiegt, wurde im Jahr 104 im Triumph vorgeführt und sechs Tage später erdrosselt.

«… schon gut, schon gut, ich will's versuchen», gibt sie sofort klein bei und fragt dann: «Seit wann wohnst du eigentlich hier?»

«Seit 1971. Und du, bist du aus Rom?»

«Ja, ich bin eine waschechte Römerin. Aber so lange wie du bin ich noch nicht hier. 1971 war ich noch gar nicht auf der Welt. Wie kommt es eigentlich, dass du dich so für Archäologie interessierst?»

«Naja, die Antike habe ich schon immer geliebt. Schon als kleiner Junge. Ich war noch nicht mal fünf, als mich mein Vater nach Pompeji mitnahm. Danach schenkte er mir dann ein Buch mit dem Titel *Die Klassischen Sagen der Götter und Helden.* Ich war begeistert, obwohl ich ja noch nicht mal lesen konnte. Aber die Götterbilder ließen mich nicht mehr los. Kurzum, ich erlebte genau dasselbe wie Schliemann ein halbes Jahrhundert zuvor. Sein Vater hatte ihm ja auch ein Buch mit den antiken Sagen geschenkt, vorne drauf ein Bild des brennenden Troja, und als Erwachsener fand Schliemann dann keinen Frieden, bis er endlich die Trümmer der zerstörten Stadt des Königs Priamos gefunden hatte. Zunächst aber brachte er als junger Kaufmann ein ansehnliches Vermögen zusammen. Mit diesem Geld reiste er in die Türkei und trat mit den dortigen Behörden in Verbindung. Die glaubten, es mit einem Verrückten zu tun zu haben, und versuchten ihm auseinander zu setzen, dass die Geschichte vom Untergang Trojas nur eine Sage sei. Es sei also völlig sinnlos, irgendwo mit Grabungen zu beginnen. Man muss sich das nur mal vorstellen. Es war praktisch so, als würde ich jetzt nach Deutschland reisen und die Leute im Schwarzwald fragen, wo das Haus von Schneewittchen zu finden sei. Doch Schliemann war ein Dickschädel und begann dennoch mit den Grabungsarbeiten. Immerhin hatte er die Taschen voller Geld, und vielleicht taten ihm die Türken den Gefallen auch nur, um ihm so viel wie möglich davon herauszuziehen. Um ihn zufrieden zu stellen, sagten sie zu ihm: ‹Troja müsste sich dort hinten befinden›, und dabei zeigten sie auf irgendeinen Hügel. Doch Schliemann kannte die ganze *Ilias* in- und auswendig und erwiderte im Brustton der Überzeugung: ‹Nein, unmöglich, meine Herren. Wie sagt doch Homer im XXII. Gesang, in dem er den Zweikampf zwischen Achill und Hektor schildert? *Hier nun rannten vorbei der Fliehende und der Verfolger, voran floh ein Starker, jedoch ein Stärkerer folgte stürmenden Laufs; also kreiseten sie dreimal um Priamos' Feste rings mit geflügeltem Fuß.* Jenen Hügel dort drüben hätten die Helden unmöglich dreimal umlaufen können.› ‹Dann graben wir eben bei dem anderen Hügel weiter hinten›, meinten die Türken, aber auch da hatte Schliemann Einwände. ‹Nein, nein, das kann auch nicht der richtige sein. Er muss am Zusammenfluss von Skamandros und Simoeis liegen.› Mit anderen Worten, es ging so lange hin und her, bis Schliemann schließlich selbst die genaue Stelle festlegte, wo mit den Grabungen zu beginnen war: auf dem Hügel von Hissarlik.»

«Tja, und so hat er Primaos' Schatz gefunden.»

«Ja, genau. Er hat ihn wirklich gefunden, und zwar er persönlich, nicht irgendein Mitarbeiter! Eines Morgens sah er in der Erde unter einer acht Meter hohen, einsturzgefährdeten Mauer etwas glitzern. Ungeachtet der Gefahr begann er mit den Händen zu graben, und als ihm klar wurde, dass er auf einen Schatz gestoßen war, bat er seine Frau, den hundertfünfzig Arbeitern mitzuteilen, dass sie *paidos*, also Mittagspause, machten könnten. ‹Aber es ist doch noch viel zu früh›, entgegnete seine Frau. ‹Dann schick sie eben nach Hause. Erzähl ihnen von mir aus, ich hätte heute Geburtstag und sie bekämen den vollen Lohn, so, als wenn sie den ganzen Tag gearbeitet hätten.› Gesagt, getan. Schliemann grub also alleine weiter und brachte nach und nach gewaltige Mengen an Juwelen und edlen Gefäßen zum Vorschein, die er alle auf einem Tuch seiner Frau Sophia, einer zwanzigjährigen Griechin, ablegte. Er fand drei herrlich gearbeitete Goldvasen, einige wunderschöne Goldkelche (davon einer in Form eines Schiffes), einen reich verzierten, kupfernen Schild, zwei Diademe, sechs Armbänder und sage und schreibe neuntausend Ohrringe, selbstverständlich alle aus Gold. Es war ein sagenhafter Schatz. Schliemann trug die ganze Beute in eine Hütte, bat seine Frau, sich nackt auszuziehen, und bekleidete sie dann von Kopf bis Fuß mit all den Juwelen, die er gefunden hatte. Als er fertig war, betrachtete er sie verzückt und sprach zu ihr: ‹Ja, du bist Helena!›»

«Soviel ich weiß», warf Alessia ein, «war das gar nicht Priamos' Schatz. Die Stücke sollen irgendeinem asiatischen König gehört haben, der tausend Jahre vor Priamos lebte …»

«… ach, was heißt das schon. Das mag die historische Wahrheit sein. Aber was zählt, ist allein die poetische Wahrheit, also die Gefühle, die Schliemann bewegt haben müssen, als er den Schatz mit Händen greifen konnte.»

«Schon, doch am Archäologischen Institut habe ich gelernt …»

«Ach hör mir doch mit dem Archäologischen Institut auf: Dort sitzen doch keine Poeten, sondern Buchhalter.»

«Sie wären also gerne Archäologe geworden?»

«Du siezt mich schon wieder …»

«Oh, entschuldige …, ich meine, du wärst wohl gerne Archäologe geworden? Wahrscheinlich weißt du nicht, dass man da schlecht verdient, sehr schlecht sogar.»

«Möglich, aber als Archäologe hat man doch ein herrliches Leben. Mysterium, Kultur und Sport, all das kommt in der Archäologie zusammen. Einen schöneren Beruf kann ich mir gar nicht vorstellen!»

«Da hast du Recht», stimmt Alessia nun zu, «und außerdem ist man immer an der frischen Luft.»

«Immer wohl nicht. Manchmal arbeitet man doch auch drinnen. Ach, apropos drinnen, was hältst du davon, wenn wir auf einen Sprung bei mir vorbeischauen?»

«Na bitte», denkt Alessia, «jetzt versucht er's doch!»

# DIE FORMA URBIS

Ich beschließe, mir Alessia gegenüber größere Zurückhaltung aufzuerlegen, sowohl in archäologischer als auch in zwischenmenschlicher Hinsicht. Wir kennen uns noch nicht lange genug, um sie in meine Geheimnisse einzuweihen. Erst nach einer weiteren, mit Besuchen bei den Ausgrabungen verbrachten Woche sowie zwei weiteren Mittagessen in der Snackbar ringe ich mich dazu durch, sie in meinen Keller zu führen.

«Du bist nicht ganz bei Trost!», ruft sie aus, als sie das Loch erblickt. «Weißt du überhaupt, gegen was du da verstößt?»

«Nein, gegen was denn?»

«Gegen den 1089.»

«Was soll das sein, der 1089?»

«Das ist ein Gesetz», stellt Alessia klar, um mir dann, in einem Atemzug, den ganzen Paragrafen herunterzuleiern. «‹Alle unter der Erde befindlichen Gegenstände, die von einem irgendwie gearteten künstlerischen, historischen oder archäologischen Interesse sein können, sind Eigentum des Staates. Wer sie ohne Genehmigung der zuständigen Behörden und ohne den Fund zu melden ausgräbt, wird mit einer Freiheitsstrafe zwischen sechs Monaten und einem Jahr und einer Geldstrafe zwischen 750 000 und 37 Millionen Lire bestraft.›»

«Du meinst, mir droht Gefängnis?»

«Natürlich droht dir Gefängnis.»

«So richtig, in einer Zelle mit vergittertem Fenster ...?»

«Ja, natürlich, was denkst du denn?»

«Ach, na und? Sollen sie mich doch in eine Zelle stecken. Dann fange ich eben dort auch zu buddeln an. Ich kann schon gar nicht mehr anders. Das Graben ist wie eine Sucht für mich.»

«Ja, mach du nur deine Witzchen. Aber du wirst sehen, wie weit du damit kommst. Ich bin jedenfalls gezwungen, Dottoressa Rizzo von der Situation in Kenntnis zu setzen.»

«Nein, warte mal. Überlegen wir noch mal zusammen.»

Alessia bleibt stur. Sie besteht darauf, alles ihren Vorgesetzten zu erzählen, und ich muss alle mir zur Verfügung stehenden Kunstgriffe anwenden, damit sie mir wenigstens einen Monat Aufschub gewährt.

«Glaub mir, Alessia, Ende September erstatte ich Selbstanzeige», verspreche ich ihr. «Ich erzähle einfach, ich hätte wegen eines undichten Abflussrohrs im Keller graben müssen und sei dabei rein zufällig auf eine Reihe archäologischer Fundstücke gestoßen.»

Dann zeige ich Alessia mein kleines Museum: die Vestalin ohne Beine, die verschiedenen Marmorstücke (sieben insgesamt) und die Tonscherben.

«Diese Scherben», erklärt sie mir, «sind ziemlich wertvoll. Das sind Bruchstücke der so genannten *terra-sigillata*-Ware. Bei den Scherben, die wir sonst so finden, handelt es sich überwiegend um Billigware aus lokaler Produktion. Die hat einen größeren Durchmesser und ist insgesamt viel gröber gearbeitet.»

«Und außerdem», füge ich hinzu, «habe ich noch eine Marmorplatte gefunden, fünf Zentimeter dick und mit der Abkürzung der *Partito Popolare Italiana* darauf: PPI.»

Alessia wird ganz blass um die Nase, als sie das Marmorstück sieht, und einen Augenblick fürchte ich, dass sie gleich in Ohnmacht fällt.

«Mein Gott!», ruft sie aus. «Die *Forma Urbis*!»

«Ja und? Was soll das sein: die *Forma Urbis*?»

«Du bist verrückt. Ja, du bist wirklich verrückt! Weißt du überhaupt, was du da gefunden hast? Weißt du das?»

«Nein, was denn?»

«Du hast ein Stück der *Forma Urbis* gefunden.»

«Das habe ich jetzt verstanden. Aber was ist das?»

«Du hast ja wirklich keine Ahnung! Kaiser Septimius Severus ließ im dritten Jahrhundert n. Chr. für das Forum des Friedens einen Plan der Stadt Rom in Marmor meißeln. Nach Aussage der Experten muss das Original einmal aus mehreren hundert Teilen bestanden haben. Viele davon sind verloren gegangen. Bis zum heutigen Tag wurden lediglich einhundertsechsundvierzig entdeckt. Und jetzt hast du, unseliger Glückspilz, ein weiteres gefunden.»

«Und was bedeuten diese Buchstaben, PPI?

«Die stehen wahrscheinlich für die Via Appia. Aber anscheinend bist du dir überhaupt noch nicht über die Bedeutung deines Fundes im Klaren. Na, wie dem auch sei, jedenfalls gehen wir jetzt zusammen zu meiner Chefin, du zeigst ihr die Platte und erzählst ihr die ganze Geschichte von Anfang an.»

«Ach, lass mich doch mit deiner Chefin in Ruhe! Dieser Dottoressa traue ich nicht über den Weg. Die ist im Stande und rennt gleich zu den Carabinieri, wenn ich ihr die Sache erzählt habe, und zeigt mich an. Wovor hast du eigentlich Angst? Von hier kann das Fundstück nicht verschwinden. Lass uns lieber genau überlegen, was zu tun ist.»

Kurzum, das Stück der marmornen *Forma Urbis* ist eine geradezu sensationelle Entdeckung. Aus dem Wenigen, was mir Alessia erzählt hat, kann ich mir zusammenreimen, dass es sich dabei um einen immensen Stadtplan Roms handelt, der vor achtzehn Jahrhunderten in Marmor gemeißelt wurde. Um mich genauer zu informieren, besorge ich mir einige Bücher, in denen die *Forma Urbis* dargestellt ist, und verstehe nun allmählich, was unter meinem Wohnhaus verborgen sein könnte: eine der beiden Exedren des Forums des Friedens.

Ein großes Problem meiner Grabungsarbeiten wird das Wegschaffen des Aushubs. Mehrere Male muss ich mitten in der Nacht mit Plastiktüten voller Erde beladen aus dem Haus, und das immer in der Angst, meinem Nachbarn, dem Dottor Canessa, über den Weg zu laufen. Und tatsächlich steht der Schnüffler eines Nachts wieder da und überrascht Alessia und mich, wie wir, mit je zwei Plastiktüten in Händen, gerade aus der Kellertür kommen.

«Tja, tja, Ingegnere …», trällert er mir, wie immer mit diesem einfältigen Lächeln im Gesicht, entgegen, «… Sie haben's gut. Sie wissen wenigstens noch die angenehmen Seiten des Lebens zu schätzen!»

Alessia wird mir immer unentbehrlicher. Sie hilft mir nicht nur beim Wegschaffen der Erde und bei der Einordnung der Fundstücke, sondern berät mich auch, wie bei der Ausgrabung weiter vorzugehen sei. Eines Nachts dann stoße ich mit der Spitzhacke plötzlich auf etwas Metallisches. Eine große Eisenkiste.

«Jugurthas Schatz!», rufe ich in höchster Erregung aus. «Wir haben Jugurthas Schatz gefunden!»

Nachdem wir die Kiste etwas gesäubert haben, versuchen wir sie zu öffnen. Doch es ist nichts zu machen. Das aber nicht etwa, weil sie abgeschlossen wäre, sondern weil sie im Laufe der Jahrhunderte mit dem Deckel wie verwachsen ist. Was wir jetzt brauchen, ist ein Schlosser. Aber den dürfen wir nicht in den Keller lassen, weil wir sonst Gefahr laufen, dass er uns anzeigt. Also was tun? Zum Glück ist Alessia mittlerweile zu einer richtigen Komplizin geworden, auf die ich mich hundertprozentig verlassen kann. Sie stirbt fast vor Neugier herauszubekommen, was sich in der Kiste befindet, und verliert auch kein Wort mehr über ihre Chefin, Dottoressa Rizzo.

Langsam, Stufe für Stufe, schaffen wir die Kiste bis zu meiner Wohnung im dritten Stock hinauf, natürlich in der ständigen Furcht, wieder von Dottor Canessa überrascht zu werden. Dort gelingt es uns, Gott, vor allem aber dem herbeigerufenen Schlosser sei Dank, die Kiste zu öffnen. Drinnen liegen – an Stelle der erwarteten Goldbarren Jugurthas – etwa dreißig Kohlestücke.

«So ein Pech», rufe ich enttäuscht aus, «eine alte Kohlekiste!»

«Ach was, Kohle ...», belehrt mich Alessia, «das sind alles Papyrusrollen.»

«Papyrusrollen? Aber die sind ja vollkommen versengt ...»

«Zum Glück. Papyrusrollen sind sehr feuchtigkeitsempfindlich. Normalerweise hätten sie sich niemals so lange gehalten. Die Rollen, die man zum Beispiel in Ägypten gefunden hat, konnten nur dank des heißen, trockenen Klimas überdauern. Und die aus Herculaneum dank des Vesuvs und des Aschenregens. Sieht so aus, als wären diese hier durch einen Großbrand konserviert worden.»

«Du meinst den Brand unter Nero?»

«Das lässt sich nur schwer sagen. Im alten Rom, und speziell in der Subura, gingen mindestens einmal im Monat ein paar Gebäude in Flammen auf.»

«Komm, wir schauen mal, ob wir was entziffern können.» Mit diesen Worten strecke ich die Hand nach einer Papyrusrolle aus.

«Um Himmels willen, nicht anfassen! Die zerbröseln dir doch zwischen den Fingern. Nein, pass auf, wir machen es so: Gleich morgen früh werd ich mich informieren. Ich habe da einen Freund, der beim Vatikan arbeitet und sich mit Papyrusrollen auskennt.»

«Gut, aber kein Wort zu Dottoressa Rizzo. Der traue ich alles zu.»

# DIE PAPYRUSROLLEN

Die Operation Papyrusrollen gestaltet sich alles andere als einfach. In erster Linie, weil Alessia, obwohl auf Archäologie spezialisiert, von der Materie wenig bis gar keine Ahnung hat, und in zweiter Linie, weil wir einen Fachmann brauchen, der weiß, wie Papyrus zu entrollen ist, und uns nicht gleich beim «Amt für historische und kulturelle Güter» verpfeift. Wir lösen das Problem dank der Mithilfe Professor Carlonis, eines bebrillten, fast zwei Meter großen jungen Mannes, der in der Vatikanischen Bibliothek arbeitet und zuvor einige Jahre lang Assistent am «Papyrologischen Institut Gaetano Vitelli» in Florenz war.

Um es gleich vorwegzunehmen, Professor Carloni ist mir alles andere als freundlich gesinnt. Er betrachtet sich nämlich als Alessias Verlobten und neigt dazu, jeden anderen Mann, mit dem sie zu tun hat, sogleich ausgesprochen unsympathisch zu finden. Da nützt es auch nichts, dass ich zu seiner Beruhigung mein schon recht fortgeschrittenes Alter erwähne. Wie alle Verliebten ist er sogar eifersüchtig auf die Luft, die seine Erwählte atmet.

«Kennen Sie sich schon lange?», fragt er, indem er mich über den Brillenrand hinweg anblickt.

«Nein, erst seit ein paar Wochen», antworte ich. «Dottoressa Silvana Rizzo, eine alte Freundin der Familie, hat uns miteinander bekannt gemacht.»

Tatsächlich hat mich Alessia, bevor wir das Büro betraten, bereits darüber unterrichtet, dass sie und der Professor mehr als nur gute Bekannte sind.

«Ja, seid ihr denn richtig zusammen?», wollte ich wissen.

«Wir gehen häufig zusammen aus», lautete die ausweichende Antwort.

«Was heißt das, ‹wir gehen häufig zusammen aus›? Schlaft ihr miteinander oder nicht?»

«Das geht dich einen feuchten Kehricht an», antwortete Alessia richtig eingeschnappt. «Ich wüsste nicht, warum ich jedem Dahergelaufenen meine Privatangelegenheiten erzählen sollte. Kümmere du dich um deine Papyrusrollen und geh mir nicht auf die Nerven!»

Dieses mir so grob an den Kopf geworfene «jeder Dahergelaufene» gab mir doch einen gehörigen Stich. Schließlich waren Alessia und ich füreinander mittlerweile wirklich keine Fremden mehr. Wir teilten ein Geheimnis – und was für eins! Auf meine Proteste hin wurde sie nun doch gesprächiger und räumte schließlich, wenn auch schweren Herzens, ein, dass sie und der Professor über Streicheleien noch nicht hinausgekommen waren.

«In dieser Beziehung ist Enrico altmodisch. Er glaubt wirklich, eine Frau soll jungfräulich in die Ehe gehen. Ich dagegen bin überzeugt, dass zwei junge Menschen vor einem solch folgenreichen Schritt zumindest prüfen sollten, ob sie überhaupt zusammenpassen. Aber Enrico will davon nichts wissen. Und daran ist nur sein Onkel schuld.»

«Welcher Onkel?»

«Monsignor Carloni. Der ist auch sein Vorgesetzter in der Vatikanischen Bibliothek. Jedes Mal, wenn wir uns zufällig über den Weg laufen, sieht er mich ganz schief an. Wahrscheinlich wünscht er sich, dass auch sein Neffe das Priestergelübde ablegt, und gibt mir die Schuld, dass ich ihn von diesem Weg abgebracht habe.»

«Und du, was hältst du von der ganzen Sache?»

«Na ja, ich mag Enrico, sehr sogar ... Aber er müsste einfach etwas ... wie soll ich sagen? ... moderner sein.»

«Mit anderen Worten, du willst mit ihm ins Bett.»

«Ihr aus dem Showgeschäft habt immer so eine unschöne, direkte Art, über diese Dinge zu reden.»

«Jetzt hör mir mal gut zu, meine liebe Alessia: Abgesehen davon, dass ich nicht zu ‹denen aus dem Showgeschäft› gehöre, haben sich schon die großen Autoren der Antike auf diese direkte Art über das Thema verbreitet. Lies nur mal den *Goldenen Esel* von Apuleius.»

Aber ich konnte Alessia nicht überzeugen. Sie blieb steif und fest bei ihrer Ansicht, dass «die vom Fernsehen» eine «verdorbene Bande» seien.

«Wo habt ihr die gefunden?», fragt Professor Carloni sofort, als wir ihm eine der Papyrusrollen zeigen.

«Ich habe sie gefunden, im Hause meines Vaters, auf dem Speicher», antworte ich, bevor sich Alessia einschalten kann, «und es sind noch mehr davon da.»

«Und wo hat Ihr Vater die her?»

«Ich habe nicht die geringste Ahnung. Mein Vater ist schon 1948, also kurz nach dem Krieg, gestorben. Ich weiß nur, dass er sich für Archäologie interessiert hat und solche Dinge sammelte. Vielleicht hat er sie in Herculaneum gefunden. Dort hat er vor seiner Ehe fünf Jahre gelebt. Möglicherweise hat er sie aber auch von seinem Vater geerbt.»

«Jedenfalls», fügt Alessia zu seiner Beruhigung hinzu, «stammen die Funde aus der Zeit vor 1938, als der Paragraf 1089 noch nicht in Kraft war.»

Der junge Professor Carloni enthält sich jeden Kommentars. Mit zwei Pinzetten greift er die Papyrusrolle und legt sie auf eine Schaumgummiunterlage.

«Als Erstes muss man ihr die Feuchtigkeit wieder zusetzen, die sie verloren hat.»

Einem Fläschchen entnimmt er eine milchige Flüssigkeit

und streicht damit den Papyrus ein. Dann wartet er, dass die Flüssigkeit eintrocknet. Praktisch tut er überhaupt nichts: Er starrt nur auf die Papyrusrolle und sagt keinen Ton. Ich bin es, der irgendwann das Schweigen bricht.

«Was ist denn in diesem Fläschchen?»

«Eine Lösung aus Essigsäure und Gelatine. Zweihundert Milliliter Säure und fünfzehn Gramm Gelatine. Der Rest ist Wasser. Damit gewinnt der Papyrus Elastizität zurück und zerfällt nicht mehr. Aber man muss sehr vorsichtig damit umgehen. Ist der Papyrus sehr porös, durchdringt die Essigsäure die hintere Schicht und löscht die Vorderseite, *recto* genannt, aus. Dann ist es ratsam, den Anteil der Gelatine zu erhöhen. Aber dieses Material hier scheint mir nicht übermäßig porös zu sein. Mit einer Lösung von fünfzig zu fünfzehn sollten wir kein Problem bekommen. Früher, im achtzehnten Jahrhundert, hat man versucht, Papyrusrollen mit einer von Piaggio entwickelten Maschine zu entrollen. Aber dabei wurde mehr zerstört als gerettet. Heute gehen wir sehr viel behutsamer vor. Speziell bei versengten Papyrusrollen legen wir exakt fest, was zerbrechen soll und bis zu welchem Grad. Wie rohe Zwiebeln entblättern wir sie Schicht für Schicht, und dadurch gelingt es uns, mindestens neunzig Prozent des Materials zu retten.»

Er nimmt eine Sonde zur Hand, wie sie die Zahnärzte benutzen, und löst damit ein zirka fünf mal zwei Zentimeter großes Stück Papyrus ab, das er dann auf die Schaumgummiunterlage legt.

«Häufig spielen uns auch die Falten einen Streich», erklärt der junge Professor, nimmt einen kleinen Spachtel zur Hand und glättet damit alle Fältchen, die zu finden sind. «Man muss wirklich sehr feinfühlig sein», beteuert er noch einmal. «Das sind höchst empfindliche Fasern, die jeden Moment zerbröseln können.»

Alessia sieht ihm hingerissen zu.

«Siehst du?», sagt sie an mich gewandt. Zwei Worte, doch in Wirklichkeit ist es, als hätte sie zu mir gesagt: «Ja, siehst du, das ist ein wirklich kultivierter Mensch, ein ganz anderes Kaliber als ihr aus dem Showgeschäft!» Ich enthalte mich jeden Kommentars.

«So wie sich die Sache jetzt darstellt», teilt uns der Professor mit, nachdem er das erste Stück unter ein Elektronenmikroskop gelegt hat, «gibt es eine begründete Hoffnung, etwas herauszukriegen.»

Alessia blickt ihn liebevoll an.

«Enrico, ich bitte dich», flüstert sie ihm zu, indem sie mit beiden Händen seine Linke ergreift, «gib dein Bestes. Die Sache ist sehr wichtig für uns.»

«Wen meinst du mit ‹uns›?»

«Mich und den Ingegnere. Er ist ein sehr belesener Mann mit einem leidenschaftlichen Interesse für Archäologie. In seiner Wohnung hat er eine beeindruckende Bibliothek römischer und griechischer Klassiker. Ich habe einen ganzen Nachmittag bei ihm verbracht und konnte mir ein Bild davon machen.»

Professor Carloni nimmt schweigend zur Kenntnis, dass Alessia einen ganzen Nachmittag bei mir war. An seiner Miene ist abzulesen, wie wenig er der Tatsache abgewinnen kann.

An jenem Tag bekommen wir nicht mehr aus ihm heraus. Offensichtlich ist die Entschlüsselung einer Papyrusrolle eine extrem zeitraubende Angelegenheit. Erst einen Monat später meldet sich der junge Professor Carloni wieder. Die Papyrusrolle wurde zerlegt und wieder vollständig zusammengesetzt. Der erste Satz, den wir entziffern können, lautet wörtlich: *Si tu vales, bene est; ego valeo.*

«Was soll das bedeuten?», frage ich den Professor.

«‹Wenn es dir gut geht, ist es gut. Auch mir geht es gut!› Das ist die klassische Formel, mit der die Römer ihre Briefe begannen.»[1]

Die eigentliche Überraschung kommt dann, als wir, nachdem die ersten drei Papyrusrollen zusammengesetzt sind, entdecken, dass es sich um Briefe handelt, die Lucilius im ersten Jahrhundert n. Chr. an den großen Philosophen Seneca geschrieben hat. Bisher waren nur Senecas berühmte *Epistulae morales ad Lucilium* («Briefe an Lucilius über Ethik») bekannt. Nur dank meiner fleißigen, wenn auch illegalen Ausgrabungsarbeit liegen uns heute auch Lucilius' Antworten vor.

[1] Tatsächlich begannen in jener Epoche alle Briefe mit diesen Worten. Manchmal beließen es die Römer auch dabei, nur die Initialen zu schreiben: S-T-V-B-E-E-V. Mit der Zeit langweilt die umständliche Anrede jedoch, und deshalb wurde sie auch im Folgenden gestrichen.

# ÜBER DIE ANGST

*Lieber Lucilius,*

*gewiss erinnerst Du Dich noch, welch große Genugtuung Du empfandest, als Du Dein Knabengewand ablegtest, um die Männertoga anzulegen. Aber wisse, eine noch größere Freude erwartet Dich an jenem Tag, da Du das Männergewand gegen das eines Philosophen tauschen wirst. Dies ist nicht jedermann vergönnt. Viele wechseln übergangslos vom Jünglings- zum Greisenalter über, ohne jemals das der Reife erlangt zu haben. Das heißt, sie nehmen die Schwächen des Alters an, ohne jene der Jugend abzulegen.*

*Jüngere Menschen ängstigen sich gemeinhin wegen Nichtigkeiten, ältere treibt die Furcht vor großen Katastrophen um, und dumme Menschen fürchten sich vor beidem. Nehmen wir zum Beispiel den Tod. Warum sollten wir ihn fürchten? Gar zu offensichtlich ist doch, dass es ihn überhaupt nicht gibt. Solange wir leben, ist er uns fern, und wenn er dann kommt, sind wir schon gegangen. Überlege auch Folgendes: Wie kann uns ein Übel, das wir keinesfalls verhindern können, Sorge bereiten? Und der Tod hat ja für sich, dass er uns zwar entgegenkommt, aber nicht an unserer Seite wandert. Hat er uns dann erreicht, lassen wir ihn auch schon hinter uns.*

*Gewöhnlich leben die Menschen erbärmlich schwankend zwischen der Angst vor dem Tod und den Plagen des Lebens, haben also weder den Mut zu sterben noch die Kraft zu leben. Unentwegt grübeln sie darüber nach, wie sie ihr Leben, koste es, was es wolle, um einige erbärmliche Augenblicke verlängern können. Und für einen im Grunde sehr bescheidenen Erfolg sind sie bereit, sich die letzten Jahre des Lebens zu verleiden. Sie fürchten die Mächtigen und vergessen darüber, dass irgendein unbedeutender Mensch den für sie verhängnisvollen Zeitpunkt bestimmen kann. Ein unmündiger Knabe und ein Eunuch besiegelten Pompejus' Schicksal, das von Crassus ein grausamer und hochmütiger Parther. Caligula befahl, dass Lepidus dem Obersten Dexter den Nacken darbot. Er selbst hat ihn dann Chaerea hinhalten müssen. Keinen Menschen hat das Schicksal je so hoch emporgetragen, dass er über jede Gefahr erhaben gewesen wäre. Denn noch der Geringste kann sich – ist er nur bereit, sein Leben zu riskieren – zum Herrn über Dein Leben aufschwingen. Selbst ein Sklave, der den Tod nicht fürchtet, kann Deinen Tagen ein Ende setzen. Was sollen wir also tun? Es gibt nur einen Weg: Wir müssen der letzten Stunde gelassen, ohne Furcht, entgegensehen.*

*Um meinem Brief ein Ende zu setzen, vernimm, was mir am heutigen Tage gefallen hat; auch das ein Gedanke, den ich aus fremden Gärten geholt, heute aus dem Epikurs. «Wer sich mit der Armut einrichtet, ist reich.» Leb wohl.*

*Dein Lucius Annaeus*

(Seneca, Brief 4)

*Lieber Lucius Annaeus,*

*in Deinem letzten Brief hast Du ein bedrückendes Thema angeschnitten, den Tod, und ich muss Dir gestehen, was diesen betrifft, ein rechter Feigling zu sein. Ja, ich habe sogar Angst, ihn überhaupt nur zu erwähnen. War ich als Jüngling noch überzeugt, unsterblich zu sein (ein wohl verzeihlicher jugendlicher Hochmut), weiß ich heute nur allzu gut, wie gefährdet meine Existenz ist. Selbst wenn es mir gelänge, den Tod zu vergessen, gibt es immer jemanden, der ihn mir in Erinnerung ruft. Kein Monat vergeht, ohne dass mir ein Kollege, ein Freund oder flüchtiger Bekannter auf der Straße mitteilt, einer unserer alten Freunde aus Pompeji sei gestorben und ein anderer mache sich gerade auf, die verhängnisvolle Schwelle zu überschreiten. Ich muss gestehen, meine innere Abwehr gegen den Tod ist so stark, dass ich, wenn mir Ulpianus Marcianus begegnet, der bedeutendste Veranstalter pompöser Bestattungsfeierlichkeiten in Sizilien, sogleich die Straßenseite wechsle, um ihn nicht begrüßen zu müssen. Sicher, ich weiß, wie dumm es ist, sich gegen die Gesetze der Natur aufzulehnen. Dennoch, ich will es Dir nicht verheimlichen, hoffe ich im Stillen immer noch darauf, irgendein Genius möge zu meinen Lebzeiten noch das Geheimnis der Unsterblichkeit ergründen.*

*Du hast sicher Recht, es ist töricht, mit der Angst vor dem Tode zu leben. Das ist, als stürbe man jeden Tag seines Lebens, und dafür kann ich Dir sogleich ein Beispiel geben: Wir beide haben in unserem langen Leben schon vier Kaiser erlebt: Tiberius, Caligula, Claudius und Nero. Und nun frage ich Dich: Wer von ihnen war der Unglücklichste? Die Antwort ist leicht: natürlich Tiberius. Warum? Weil ihn, mehr noch als die anderen, eine panische Angst vor dem Tode umtrieb. Du weißt, er verlegte seine Residenz nach Capri, nur weil er fürchtete, in Rom von einem Verwandten oder Freund vergiftet zu werden. Ich war damals noch ein kleiner Junge und trat später in seinen Dienst.*

*Der Kaiser lebte in einem Palast hoch oben auf einem Berggipfel, und keinem Fremden war es gestattet, sich ihm zu nähern. Einmal kletterte ein Fischer bis hinauf zu dem Garten, wo Tiberius ruhte, und brachte ihm eine Languste. Und was tat Tiberius? Er gab Befehl, dem armen Fischer die noch lebende Languste kräftig übers Gesicht zu reiben, und ließ ihn dann von seinen Wachen bis aufs Blut auspeitschen. Und das alles nur, weil der Mann den befohlenen Abstand von drei Metern nicht eingehalten hatte.*

*Um seine Regierungsgewalt von Capri aus weiter ausüben zu können, vereinbarte Tiberius mit dem* praefectus praetorio *Aelius Seianus und dem* praefectus urbi *Calpurnius Piso ein Signalsystem, das es ihm ermöglichte, stets über die Vorgänge in Rom unterrichtet zu sein und alle notwendigen politischen Entscheidungen treffen zu können. Dieses System war ja nicht neu: Aeneas hatte es zur Zeit des Trojanischen Krieges erfunden, und später war es dann von Kleoxenos und Demokleitos verfeinert worden. Tiberius nutzte es nun dazu, sein Reich aus der Ferne zu regieren. Vom höchsten Gipfel Capris sandte er seine Befehle zu einer gegenüberliegenden Anhöhe auf der Halbinsel Sorrent, von wo sie mittels Signalfeuern, die im Abstand von nur wenigen Meilen entzündet wurden, bis nach Rom gelangten. Ich selbst gehörte zu den Männern, die seine Botschaften, die er auf Wachstafeln schrieb, zur ersten Station bringen mussten. ‹Fac lucem›, befahl er mir, und schon rannte ich los, um die Signalkette auszulösen. Und dieser ganze Aufwand nur, um auch das geringste Risiko eines Attentats auszuschließen.*

*Und nun frage ich mich: Was nützt es, Kaiser des mächtigsten Reiches auf Erden zu sein, wenn der Preis dafür ein Leben in Angst und Schrecken ist? Ist es da nicht bes-*

*ser, in Armut zu leben und irgendwann friedlich in den Armen eines liebenden Freundes zu sterben? Leb wohl.*

*Dein Lucilius*

## Alessias Ängste

«Also, wenn man Lucilius so hört», meint Alessia lachend, als sie den Brief zu Ende gelesen hat, «könnte Kaiser Tiberius der Erfinder des Fax sein …»

«Und der Wanzen …»

«Wieso das?»

«Nun, eines Tages begann er, einem seiner Ratgeber, einem gewissen Sabinus, zu misstrauen. Um ihn zu überführen, versteckte er drei Zwerge in dem Hohlraum zwischen der Decke und dem Dach seiner Residenz und fand so tatsächlich innerhalb weniger Tage heraus, dass man eine Verschwörung gegen ihn plante. Wie nicht anders zu erwarten, ließ er alle töten, Sabinus und jeden, der in den letzten Tagen sein Haus betreten hatte. Dieses eine Mal hat ihm sein Verfolgungswahn tatsächlich das Leben gerettet. Er sah ja praktisch überall Feinde. Lucilius hat also vollkommen Recht: Tiberius' Leben war die Hölle.»

«Hast du eigentlich vor irgendetwas Angst?», will Alessia wissen.

«Nicht so sehr vor dem Tod, eher vor Schmerzen. Um meine Gesundheit mache ich mir schon Sorgen, und um die meiner Angehörigen auch. Aber sonst bin ich eigentlich kein Angsthase. Und wenn man den neuesten Forschungen Glauben schenken darf, wird im nächsten Jahrhundert überhaupt kein Mensch mehr Angst haben.»

«Wie meinst du das?»

«Das will ich dir erklären. Soweit ich es verstanden habe, haben amerikanische Wissenschaftler herausgefunden, dass Angst nichts anderes ist als eine bestimmte Reaktion eines Nervenknotens in unserem Gehirn, und zwar der mandelförmigen so genannten Amygdalae. Und deshalb wird es wohl bald, so wie Tabletten gegen Kopfschmerzen, auch Tabletten gegen Angst geben. Das wäre doch praktisch. Du sollst in einem Haus nächtigen, in dem es spukt? Kein Problem: Du nimmst eine Tablette, und die Angst verfliegt!»

«Und was ist, wenn man von tieferen Ängsten geplagt wird? Zum Beispiel, plötzlich ohne Arbeit dazustehen. Ich frage das nicht ohne Grund. Ich stehe nämlich vor dem Dilemma, dass ich einerseits gerne heiraten würde, andererseits aber auch meine Unabhängigkeit behalten möchte, die mir nur eine seriöse, feste Anstellung garantieren kann.»

«Aber wozu willst du arbeiten? Enrico ist verrückt nach dir. Er wird es dir an nichts fehlen lassen.»

«Ja, aber meine Freiheit wäre dahin. Außerdem, was ist, wenn unsere Liebe eines Tages stirbt …?»

«… dann suchst du dir einen anderen Papyrologen, und das ganze Spiel beginnt wieder von vorn.»

# ÜBER DIE MENSCHENMENGE

*Lieber Lucilius,*

*Du fragst mich, was man im Leben in jedem Fall meiden sollte, und ich antworte Dir, ohne auch nur einen Moment zu zögern: die Menschenmenge. Du kannst Dich nicht ohne Gefahr auf sie einlassen. Ja, auch ich bin nicht gefeit gegen sie. Mische ich mich unter die Leute, lasse ich mich unweigerlich von ihnen anstecken. Ich bin wie ein Mensch, der nach langer Krankheit zum ersten Mal wieder sein Haus verlässt und sogleich einen Rückfall erleidet. Der Umgang mit der Menge schadet meiner körperlichen Verfassung; keiner, der uns nicht seine Ansichten und Meinung empfiehlt oder aufdrängt oder sie uns nichts ahnend anhängt. Und je größer die Volksmenge, unter die wir uns mischen, desto größer auch die Gefahr.*

*Nichts aber ist schädlicher für den Charakter, als sich bei irgendeiner Vorstellung niederzulassen. Dann nämlich schleichen sich Fehlhaltungen besonders leicht ein. Habgieriger kehre ich nach Hause zurück, ehrgeiziger, ja, grausamer und unmenschlicher, weil ich unter den Menschen gewesen bin.*

*Durch Zufall bin ich in das Mittagsprogramm des Zirkus geraten, wo ich mir zu jener Tageszeit entspannende Darbietungen von Komikern erwartete. Doch wie hatte ich mich getäuscht: Was man mir bot, waren ausschließlich Kämpfe, gegen die alles, was ich früher im Zirkus gesehen, ein Schauspiel der Barmherzigkeit war. Der reinste Mord wird vorgeführt. So sah ich Verurteilte gegeneinander antreten, die sich ohne den Schutz von Schild und Helm zur Freude der Menge gegenseitig umbrachten. Morgens wirft man Menschen den Bären und Löwen vor, mittags den Zuschauern. «Aber er hat einen Straßenraub verübt, er hat einen Menschen ermordet», wird man mir entgegenhalten. «Hat er es da nicht verdient, Derartiges zu erleiden?» Zugegeben, das ist richtig, aber was habe ich Unschuldiger getan, dass ich Derartiges sehen muss?*

*Entziehen muss man der Menge die zarte und noch wenig gefestigte Seele, denn zu groß ist die Gefahr, dass sich die sittlich Reinen vom Geschmack der Masse anstecken lassen. Selbst einem Sokrates, einem Cato oder Laelius hätten solche in höchstem Maße unsittlichen Schauspiele wohl mit der Zeit den Charakter verdorben.*

*Deshalb, o mein Lucilius, ziehe Dich, wann immer möglich, auf Dich selbst zurück. Verkehre mit jenen wenigen, die Dich besser zu machen fähig sind, und misstraue dem Urteil der Masse.*

*Dazu nun drei hervorragend formulierte Gedanken, die mir heute begegnet sind. Demokrit sagt: «Mehr als ein gesamtes Volk gilt mir ein Einziger, wenn er der Beste ist.» Und als Epikur einem Mitarbeiter seiner philosophischen Schriften schrieb, versicherte er ihm: «Das schreibe ich nicht für viele, sondern für Dich: Denn wir sind einer für den anderen ein hinreichend großes Publikum.» Der dritte Gedanke ist von einem Philosphen, über dessen Namen Unklarheit besteht. Aber er sagte, als man ihn fragte, worauf die große Sorgfalt seiner Werke ziele: «Genug sind mir wenige, genug ist ein Einziger, genug ist gar keiner.» Leb wohl.*

*Dein Lucius Annaeus*

(Seneca, Brief 7)

*Lieber Lucius Annaeus,*

*Dein letzter Brief war mir ein großer Trost. Denn seit längerem schon bereitet mir mein Abweichen vom Geschmack der Masse Kopfzerbrechen. Wieso nur, fragte ich mich, findet das, was der Mehrheit gefällt, bei mir nicht einen ähnlichen Widerhall? Bin ich vielleicht auch schon so wie diese Patrizier mit ihren ewig angewiderten Mienen, die sich von allem gelangweilt fühlen? Nun jedoch habe ich, dank Deiner Überlegungen, verstanden, wie sich die Sache verhält: Ich gehöre nicht zur Menge. Um mir noch genauer darüber klar zu werden, kam ich auf die Idee, eine kleine Umfrage unter den Bewohnern meines Stadtviertels durchzuführen. So ging ich auf die Straße hinunter und fragte Passanten, welches die Vorführungen seien, die sie am meisten erfreuten, und welche die Redner, denen sie am liebsten lauschten. Auf diese Weise erhielt ich eine Art Rangliste, die recht aufschlussreich die Vorlieben der Mehrheit widerspiegelt.*

*Du musst wissen, mein lieber Lucius Annaeus, dass in meinem Wohnviertel fast täglich die verschiedensten Artisten und Gaukler ihre Künste vorführen. Meist handelt es sich dabei um Leute vom Zirkus, Gladiatoren oder Komiker aus der Gegend. Leider fand noch keiner von ihnen jemals meinen Beifall. So bat ich also die Menschen, die ich ansprach, mir die Gründe ihrer Wahl zu erläutern. Sie gaben mir achselzuckend eine, wie ich finde, verblüffende Antwort. Wörtlich erklärten sie mir: «Wir mögen die Artisten, die allen gefallen, weil sie allen gefallen.»*

*Ebenso wie Du glaube ich, dass solch eine Einstellung auf längere Sicht unser Gemeinwesen schädigen kann. Man darf das Niveau der Vorstellungen nicht senken, um der Masse entgegenzukommen. Eher schon sollte sich die Masse ein wenig Mühe geben, um sich dem Geschmack der Besten anzunähern. Andernfalls könnten sich Politiker den schlechten Geschmack der Leute zu Nutze machen und die allerschändlichsten Dinge vertreten, nur um sich die Zustimmung der Mehrheit zu sichern.*

*Glücklich, zur Minderheit zu gehören, sage ich Dir nun Lebwohl.*

*Dein Lucilius*

## Seneca und das Festival von San Remo

«Man könnte glauben, die beiden diskutierten über Einschaltquoten», bemerkt Alessia, während sie die zwei Briefe aus der Hand legt. «Offenbar riss man sich auch damals schon darum, die Zustimmung des gemeinen Volkes zu erhalten, mit Ausnahme der Intellektuellen, denen der Geschmack des Pöbels wohl zu allen Zeiten zuwider war.»

«Da hast du Recht», antworte ich. «Seneca hätte sich das Festival von San Remo bestimmt nie im Leben angeschaut, nicht einmal unter Androhung von Folter. Er verachtete alles, woran die Masse des Volkes ihren Spaß hatte. Aufschlussreich ist ja auch die tautologische Antwort, die Lucilius bei seiner Umfrage auf der Straße erhielt: ‹Wir mögen die Artisten, die allen gefallen, weil sie allen gefallen.› Wahrscheinlich schauen sich auch heute viele Leute das Festival im Fernsehen nicht deswegen an, weil sie Schlager lieben, sondern weil es eben alle tun. Wie du siehst, hat sich die Welt gar nicht so sehr verändert. Immense Fortschritte gibt es doch praktisch nur im Bereich der Technik. Darüber hinaus ist noch alles so wie vor zweitausend Jahren. Wir haben heute zwar Autos, Flugzeuge, Fernsehen und Handys, doch wenn es um Kunst geht, spalten wir uns immer noch in zwei Lager: Die einen lieben Mahler, die anderen Eros Ramazotti.»

«Enrico liebt Mahler.»

«Warum auch nicht?», bemerke ich trocken und fahre dann, ohne weiter auf Enricos Geschmack einzugehen, fort: «Aber ist dir nicht auch schon aufgefallen, dass die Neigungen nur bei der Kunst so weit auseinander gehen, während sie auf anderen Gebieten verblüffend übereinstimmen?»

«Nein, was meinst du damit? Das musst du mir genauer erklären.»

«Nun ja, ein Teller Spaghetti mit Muscheln, ein hübsches Mädchen, ein zweijähriges Kind, eine unberührte Landschaft, ein treuer Hund – sind das nicht alles Dinge, bei denen jedem das Herz aufgeht? Vielleicht kann man sagen, dass es zwei Arten von Geschmacksurteilen gibt: die elementaren und die elitären. Die elementaren Urteile, wie das über ein Spaghettigericht oder eine herrliche Landschaft, lenken die Aufmerksamkeit nicht auf den Menschen, der das Urteil abgegeben hat, sondern auf das Objekt des Gefallens, während eine Vorliebe für ein bestimmtes Gemälde, ein Buch von Joyce oder eine Mahlersinfonie mehr über denjenigen aussagt, der diese Dinge schätzt. ‹Das ist einer, der Joyce liest›, oder: ‹Das ist einer, der Mahler hört› – solche Charakterisierungen hören wir doch oft genug. Die meisten Menschen sehnen sich ja danach, sich von anderen zu unterscheiden, vor allem aus Angst, in der Masse unterzugehen. Nicht zufällig gilt heute unter Linksintellektuellen die Bezeichnung ‹national-volkstümlich› als Beleidigung. Und so ist eher ein politischer als ein ästhetischer Widerspruch entstanden: Man wählt links und verachtet gleichzeitig die Masse.»

# ÜBER DAS ALLEINSEIN

*Lieber Lucilius,*

*nach unseren Betrachtungen über den Geschmack der Masse wissen wir beide besser denn je, dass wir große Menschenmengen fliehen müssen, zuweilen auch kleine und manchmal sogar uns selbst. Eigentlich weiß ich gar nicht, mit wem ich Dich im Gedankenaustausch sehen möchte. Und daraus magst Du erkennen, welch hohes Ansehen Du bei mir genießt. Ich schätze Dich so sehr, dass ich Dich Dir selbst anvertraue.*

*Von Krates, einem Schüler jenes Stilpo, von dem ich Dir schon bei anderer Gelegenheit schrieb, erzählt man, er sei eines Tages auf einen jungen Mann getroffen, der einsam für sich spazieren ging, und habe ihn gefragt, was er denn um alles in der Welt so allein tue, worauf dieser unverzagt erwiderte: «Ich unterhalte mich mit mir.» Und Krates antwortete: «Sei auf der Hut, ich bitte dich: Vielleicht unterhältst du dich mit einem schlechten Menschen.»*

*Wer trauert und furchtsam ist, dem pflegen wir beizustehen. Nicht zuletzt, damit er sich in seiner Einsamkeit nicht zu verhängnisvollem Tun hinreißen lasse. Dich jedoch in einer solchen Verfassung alleine zu wissen, würde mich nicht beunruhigen. Denn ich kenne niemanden, mit dem ich Dich lieber zusammen sehe als mit Dir. Ich erinnere mich, mit welch hoher Gesinnung, mit welcher Kraft und Weisheit viele Deiner Briefe erfüllt sind. «Diese Worte», dachte ich einmal, als ich Deine Gedanken las, «kommen nicht vom äußeren Rand seiner Lippen, sondern aus der Tiefe seiner Seele.» Darum, mein lieber Lucilius, danke den Göttern dafür, wie sie Dich geschaffen haben, und bleibe allein, wann immer Dir danach ist.*

*Um nun, wie es meine Art ist, diesen Brief mit einem kleinen Geschenk zu beenden, höre diesen Gedanken, den ich bei Athenodoros gefunden: «Wisse, erst dann bist du von allen Begierden erlöst, wenn du von den Göttern auch im stillen Gebet nicht mehr erflehst, als zu erbitten in aller Öffentlichkeit schicklich ist.» Wie wahr! Denn viele flüstern heute ja den Göttern die schändlichsten Wünsche zu, verstummen aber sogleich, wenn einer das Ohr nähert, und was sie keinen Menschen wissen lassen wollen, erzählen sie ihrem Gott. Vielleicht kann Folgendes als Regel gelten: Lebe mit den Menschen, als ob es die Götter sähen, und sprich mit den Göttern, als ob es die Menschen hörten. Leb wohl.*

*Dein Lucius Annaeus*
(Seneca, Brief 10)

*Lieber Lucius Annaeus,*

*ich danke Dir von ganzem Herzen für das hohe Lob, das Du mir in Deinem letzten Briefe zollst, fürchte aber, Deiner Wertschätzung nicht ganz gerecht werden zu können. Zwar habe ich Dir wohl die Schönheit des Alleinseins gepriesen und bin auch überzeugt von der Überlegenheit des Weisen, der sich selbst genug ist. Sich aber tatsächlich wie ein Weiser zu verhalten und dem Alleinsein zu stellen ist eine ganz andere Sache. Und die fällt mir, offen gesagt, schwer. Das heißt nicht, ich würde, alleine in einen dunklen Raum gesperrt, rasch meinem Leben ein Ende setzen, aber ich hätte sicher Schwierigkeiten, lange Zeit allein auf einer einsamen Insel zu leben.*

*Es gibt eine recht unbekannte Göttin, die «Ablenkung» heißt. Häufig kommt sie mich besuchen und vertreibt mir die Zeit mit tausend Listen und macht sie kurzweiliger. Wenn ich mit Freunden Karten spiele, mich mit einer Hetäre amüsiere oder Gladiatorenkämpfe besuche, tritt sie auf den Plan, hält sich jedoch beharrlich fern, wenn ich in einem Raum sitze und niemand da ist, mit dem ich ein Wort wechseln könnte. Nur wenige Auserwählte, wie etwa Sokrates, Pittakos oder Aristodemos, wären in der Lage, sich in vollkommener Einsamkeit einzurichten. Normale Menschen hingegen, Menschen wie Du und ich zum Beispiel, brauchen immer jemanden, mit dem sie Freud und Leid teilen können.*

*Viel habe ich darüber nachgedacht, was meinem Freund Euphronios Festus zugestoßen ist. Dieser wurde nämlich, obwohl vollkommen unschuldig, des Diebstahls bezichtigt und saß dreizehn Monate im Kerker. Nur dem glücklichen Umstand, dass man das Diebesgut im Hause des wahren Diebes fand, verdankte er schließlich seine Freilassung. Glaube mir, mein lieber Lucius Annaeus, in jenen unendlich langen dreizehn Monaten hätte ich an Euphronios' Stelle jedwedes Verbrechen gestanden, selbst die Ermordung Caesars, nur um nicht noch länger in einer finsteren, unterirdischen Zelle schmachten zu müssen. Wie Du siehst, stehst Du mit einem unbedeutenden, allzu normalen Menschen im Briefwechsel. Einem Menschen, der sehr stark ist, wenn es darum geht, andere zu beraten, und sehr schwach, wenn ihn selbst die Missgeschicke des Lebens treffen. Leb wohl.*

*Dein Lucilius*

## Hobby-Papyrologen

Mit der dritten Papyrusrolle bekommen wir Schwierigkeiten, das heißt, Professor Carloni, der Experte unseres Vertrauens sowie Verlobter meiner Komplizin Alessia, stellt plötzlich zu viele Fragen.

«Wo befanden sich die Rollen eigentlich bis heute; wie viele sind es überhaupt noch? Habt ihr sie den zuständigen Stellen vorgelegt? Habt ihr das ‹Amt für historische und kulturelle Güter› eingeschaltet? Was ist mit Dottoressa Rizzo? Was meint die dazu?»

Alessia antwortet jeweils mit bewundernswerter Selbstsicherheit. Die Lage sei vollkommen unter Kontrolle, versichert sie ihm, Dottoressa Rizzo sei informiert und weitere Papyrusrollen gebe es nicht. So habe ich also Gelegenheit festzustellen, dass Alessia eine geborene Lügnerin ist und ihren Verlobten mit Leichtigkeit um den kleinen Finger wickelt. Allerdings dürfen wir den Bogen nicht überspannen. Wir können ihm nicht ständig weitere Papyrusrollen bringen, als wäre es die selbstverständlichste Sache der Welt. Früher oder später müssten wir ihm dann von unseren Ausgrabungen erzählen, und ich traue Enrico nicht über den Weg. Zum Glück haben wir mittlerweile schon einiges über die Technik des Entrollens von Papyrus mitbekommen. Was uns noch fehlt, um die Sache selbst in die Hand zu nehmen, sind die passenden Gerätschaften. Als eines Morgens die Lösung, mit der Enrico den Papyrus elastischer macht, zur Neige geht, bietet sich Alessia spontan an, sie zu besorgen. Und so entdecken wir den Laden in der Nähe vom Campo dei Fiori, der sowohl die Essigsäure verkauft als auch die Kügelchen, mit denen die Gelatine hergestellt wird. Jetzt müssen wir uns nur noch eine kleine Waage besorgen, um die richtigen Maße abzuwiegen, ein Mikroskop, um die lateinischen Buchstaben zu lesen, und einige Spachtel, um die Papyrusstücke abzuheben. Schon einen Tag später haben wir in meiner Wohnung ein richtiges Papyruslabor eingerichtet und können die Arbeit aufnehmen. Aber so ganz sicher fühle ich mich trotzdem nicht.

«Gestern hat mich Enrico, als wir uns voneinander verabschiedeten, ziemlich schief angesehen», sage ich zu Alessia, für die die «Operation Papyrusrollen» mittlerweile zu einem zweiten Job geworden ist. «Hoffentlich ist er uns nicht auf die Schliche gekommen.»

«Ach, mach dir keine Sorgen», beruhigt sie mich. «Enrico sind die Papyrusrollen im Grunde doch vollkommen egal. Gedanken macht er sich mehr um mich. Er kennt mich ziemlich gut und weiß, wie flatterhaft ich bin.»

«Na ja, zumindest in dieser Beziehung hast du ihn ja beruhigen können.»

«Wieso? So ruhig bin ich selbst auch nicht. Im Moment fasziniert mich nur unser kleines gemeinsames Geheimnis. Was danach kommt, weiß ich auch nicht.»

# ÜBER DIE NORMALITÄT

*Lieber Lucilius,*

*dass Du alle anderen Dinge vernachlässigst und Dich nur beharrlich darum bemühst, Dich täglich vollkommener zu machen, das muss ich loben, und das macht mir Freude. Doch möchte ich Dir ans Herz legen, mit Deinem Aussehen und Deiner Lebensweise nicht auffallen zu wollen, so wie etwa jene, denen es nur vordergründig um Fortschritte auf dem Wege der Weisheit geht und die in Wirklichkeit nur danach trachten, die Blicke der Mitmenschen auf sich zu lenken. Nimm Dir kein Beispiel an jenen, die unsaubere Kleidung tragen, sich das Haar nicht scheren und den Bart nicht pflegen, die ihr Nachtlager auf dem Erdboden aufschlagen oder auf sonstige eitle Weise nicht nach Entsagung von materiellen Gütern streben, sondern allein nach Bewunderung. Wir Philosophen haben an sich schon einen schweren Stand, selbst wenn wir unsere Wissenschaft ganz zurückhaltend betreiben. Was soll da erst werden, wenn wir gar anfangen, uns vom Umgang mit den Mitmenschen auszuschließen? Mag in unserem Inneren alles ganz und gar anders sein, das Äußere stimme mit der Umwelt überein!*

*Das Erste, was die Philosophie verheißt, ist doch Sinn für die Gemeinschaft, Menschenfreundlichkeit und Geselligkeit; von solcher Verheißung wird uns aber ein betont andersartiges Verhalten entfernen. Sehen wir also, dass nicht lächerlich und störend wirkt, wodurch wir Bewunderung erregen wollen! Ist es nicht unser Ziel, der Natur gemäß zu leben? Diese hält uns dazu an, gut zu uns selbst zu sein. Es ist gegen die Natur, auf eine Sauberkeit, die keinen großen Aufwand erfordert, zu verzichten, sich absichtlich herunterkommen zu lassen und schlechte Nahrung zu sich zu nehmen. Gewiss, die Philosophie verlangt Genügsamkeit, aber nicht Entsagung. Und Genügsamkeit muss nicht Liederlichkeit bedeuten.*

*«Sollen wir denn wie alle anderen sein? Soll es denn keinen Unterschied geben zwischen uns und ihnen?», magst Du jetzt einwenden. Und ich antworte Dir: einen gewaltigen sogar. Aber nur wer in unser Inneres blickt, wird erkennen, wie viel uns von der Menge trennt. Und jener, der unser Haus betritt, wird mehr uns bestaunen als unseren Hausrat. Leb wohl.*

*Dein Lucius Annaeus*

(SENECA, BRIEF 5)

*Lieber Lucius Annaeus,*

*Du schreibst über die Intellektuellen, die sich auf absurdeste Weise zurechtmachen, und ich kann Deinen Gedanken nur aus ganzem Herzen zustimmen. Es ist in der Tat befremdlich, wie sehr gewisse Männer des Geistes, um sich von anderen abzuheben, auf die Ausgefallenheit ihrer Kleidung setzen und wie wenig auf die Stärke ihrer Tugenden. Offensichtlich haben sie kein Vertrauen zu den Eigenschaften, die sie in der Seele tragen. Schon von weitem soll man erkennen, wie sehr sie sich von anderen unterscheiden, dass sie einer höheren Rasse angehören oder zumindest einer anderen Kategorie. Ich nenne diese falschen Philosophen nur noch «die Haarigen», tragen sie doch ne-*

*ben der zerlumpten Kleidung und dem ungepflegten Bart fast immer auch ihr Haar schulterlang. Festgestellt habe ich jedoch auch, dass nicht wenige von ihnen mit zunehmendem Alter ihre zur Schau getragene Andersartigkeit aufgeben, sich Haare und Bart stutzen und wieder saubere Kleidung anlegen. Dies hat mich dazu veranlasst, über die Kategorien Jugend und Alter sowie Ordnung und Unordnung nachzudenken.*

*In der Jugend lieben wir alle die Unordnung, im Alter die Ordnung. Wie könnte es auch anders sein, halten doch die Alten die Macht, die Ordnung also, in Händen, während die Jungen bestrebt sind, sie ihnen zu entreißen. Vielleicht existiert die Unordnung letztendlich nur deshalb, weil sie sich einer Ordnung gegenübersieht, die es niederzuwerfen gilt. Aber das ist noch nicht alles: Diese beiden auf den ersten Blick gegensätzlichen Aspekte verbergen noch andere, für unser tägliches Leben weit wichtigere Bedeutungen. Die Unordnung ist ein Synonym für Kreativität, während Ordnung unerlässlich ist für den Erhalt des Bestehenden. Ohne Unordnung gäbe es keinen Fortschritt, aber ohne Ordnung wäre es unmöglich, diesen Fortschritt für die Nachkommen zu bewahren. Ordnung und Unordnung sind also Zwillinge, wenn auch sehr verschiedenen Charakters, die sich gegenseitig rechtfertigen. Heraklit, der große Heraklit, hat es vor Jahrhunderten schon geahnt: Es sind die Gegensätze, die das Leben zeugen. Im immer Gleichen käme es zum Stillstand und letztlich zum Tod. Lass uns daher die Unordnung loben, die uns die Ordnung ermöglicht. Und umgekehrt. Leb wohl.*

*Dein Lucilius*

## Liebe auf den ersten Blick

Lucilius' Gedanken über Ordnung und Unordnung haben es Alessia angetan. Gleich nachdem sie den Brief gelesen hat, gesteht sie mir, sich irgendwie zur Unordnung hingezogen zu fühlen, und dass sie deswegen eigenartigerweise ein schlechtes Gewissen habe.

«Weißt du, Enrico ist ja die Ordnung in Person», erzählt sie, «selbst wenn er sich mal gehen lässt, verfährt er nach einem genauen Schema. Dabei ist er doch noch jung, gerade mal acht Jahre älter als ich.»

«Wahrscheinlich wurde er schon so geboren. Lass uns jedoch eins klarstellen: Es ist keine Schwäche, ordentlich zu sein, sondern ein Vorzug. Will man zum Beispiel heiraten, sollte man sich lieber mit einem ordentlichen als mit einem unordentlichen Menschen einlassen. Glaubt man der Statistik, geht das Zusammenleben mit einem allzu sprunghaften Partner nicht länger als vier Jahre gut.»

«Kann ja sein. Trotzdem fände ich es nicht schlecht, wenn auch die stets Korrekten hin und wieder wenigstens etwas aus sich herausgingen. Es gibt doch tatsächlich Leute, die sich in jeder Situation kontrollieren – Enrico zum Beispiel! Immer wenn er mir einen Kuss geben will, sagt er: ‹Bist du wieder schön heute Abend, mein Schatz.›»

«Na und, wo liegt das Problem?»

«Na ja, wenn er das sagt, weiß ich eben schon, dass er mir einen Kuss geben wird. Ich möchte aber ohne Vorankündigung geküsst werden, wenn ich es am wenigsten erwarte, vielleicht sogar mit einer Spur leidenschaftlicher Gewalt. Letztes Jahr habe ich auf einer Party einen Typ kennen gelernt, der sich, wie er mir sogleich gestand, auf den ersten Blick in mich verliebt hat. ‹Aber das geht doch gar nicht›, habe ich zu ihm gesagt, ‹nach einer halben Stunde kannst du nicht in mich verliebt sein.› ‹Wieso? So ist es doch immer, wenn man sich verliebt›, hat er mir geantwortet, ‹das läuft im Bruchteil einer Sekunde ab, Knall auf Fall eben, deswegen ist man ja auch verknallt. Lass uns hier verschwinden. Wir fahren zum Flughafen und fliegen nach Paris. Alles, was wir brauchen, Zahnbürste, Zahnpasta und so weiter, besorgen wir uns unterwegs.›»

«Ja und? Bist du mit ihm gefahren?»

«Nein! Um Himmels willen. Ich liebe doch Enrico.»

«Das glaube ich dir sogar. Aber vergessen hast du den anderen auch nicht. Wie hieß er denn?»

«Aldino. Es war Aldino mit den blauen Augen.»

# ÜBER DIE SCHLÄGE DES HERZENS

*Lieber Lucilius,*

*träge und gleichgültig kann man jene nennen, die sich erst durch das Wiedersehen irgendeiner Landschaft an einen Freund erinnern. Dennoch rufen bisweilen vertraute Orte oder Dinge eine tief in unserem Herzen bewahrte Sehnsucht hervor. Sie bringen keine erloschene Erinnerung zurück, sondern wecken eine schlummernde auf. So wie die Trauer, die die Zeit schon gelindert, durch den Anblick eines Sklaven oder eines Kleidungsstücks, die dem Verstorbenen gehörten, wieder aufbrechen kann. Genauso kann ein Ort, an dem man gemeinsam glücklich war, der Sehnsucht nach einem Freund neue Nahrung geben. Ja, es ist unglaublich, wie der Anblick Neapels oder Deines Pompeji meine Sehnsucht nach Dir wieder hat aufleben lassen. Mehr denn je empfand ich den Abschied von Dir und sah Dich vor mir, wie Du nur mit Mühe die Tränen zurückhalten konntest. Mit anderen Worten: Mir war, als ob wir soeben erst auseinander gegangen wären. Und dieses Gefühl hat mich veranlasst, über die Bedeutung des Wortes «soeben» nachzudenken. Ich fragte mich: Was ist «soeben» geschehen? – Soeben saß ich noch als Jüngling bei meinem Philosophielehrer Sotion. Soeben begann ich, Prozesse zu führen, und soeben auch erst habe ich aufgehört, mich mit Prozessen abzugeben. Kurzum, wenn ich an die Vergangenheit denke, wird mir deutlich, dass ich mein ganzes Leben «soeben» gelebt habe. Unaufhaltsam eilt die Zeit da-*

*hin, und nur wenn wir zurückblicken, wird uns das vollends deutlich. Immer mit der Gegenwart beschäftigt, entgeht uns, wie die Zeit verrinnt, so unauffällig huscht der flüchtige Augenblick vorüber.*

*Umso mehr empört es mich, wie viele Menschen von der wenigen Zeit, die uns im Grunde nicht einmal für die Verrichtung der notwendigsten Dinge reicht, einen Großteil für Überflüssiges vergeuden. Stell Dir vor, ich würde bei einer Belagerung, während zur Verstärkung der Mauern Greise und Frauen Steinblöcke herbeischleppen, während die Jungmannschaft hinter den Toren das Signal zum Ausfall erwartet und die feindlichen Geschosse schon in den Toren vibrieren, ungerührt dasitzen und über Belanglosigkeiten nachdenken. Man würde mich für verrückt halten. Und das mit Recht. Folglich müsste ich Dir ebenso verrückt erscheinen, würde ich mich beharrlich solch einem sinnlosen Tun, wie etwa dem Streben nach Macht, hingeben, während die Zeit mich belagert. Was soll ich tun? Der Tod verfolgt mich, es entflieht das Leben. Gib mir einen Rat; bewirke, dass ich den Tod nicht fliehe, dass das Leben mir nicht entflieht. Leb wohl.*

*Dein Lucius Annaeus*

(Seneca, Brief 49)

*Lieber Lucius Annaeus,*

*so lieb mir Deine Briefe mit Deinen weisen Gedanken auch sind, die Themen, die Du anschneidest, stürzen mich immer wieder in tiefe Ratlosigkeit. Nein, ich weiß auch nicht, wie wir verhindern können, dass uns die Zeit entflieht. Ja, das Leben geht zu schnell vorüber, und daher habe ich es auch, solange es mir möglich war, intensiv, Minute für Minute, gelebt. Von all seinen Aspekten habe ich gekostet, wie ein Weinkenner, der von einer Gruppe Winzer um ein Urteil zu den neuen Weinen gebeten wird. Und könnte ich es noch einmal leben, würde ich wahrscheinlich seine Schläge noch weiter verlangsamen, um es noch intensiver auszukosten.*

*Mit Deinen Gedanken zur Zeitverschwendung stimme ich vollkommen überein: Die Zeit ist tatsächlich unser wertvollstes Gut, das wir uns von niemandem stehlen lassen dürfen. Vor einigen Tagen feierte man den neunzigsten Geburtstag des Bankiers Pomponius Sabinus. Als ich ihm gratulierte, fragte ich ihn auch, wie viele Sesterzen er zu geben bereit wäre, könnte er dafür noch einmal zwanzig werden. Er antwortete mir mit großem Ernst. «All meine Reichtümer würde ich dafür geben, noch einmal neunundachtzig zu sein!»*

*Doch leider ist es uns nicht möglich, die Zeit auch nur um einen Tag zurückzudrehen. Daher können wir nichts anderes tun, als Zeitvergeudungen zu vermeiden. Dazu eine kleine Liste der Dinge, von denen wir uns zu oft die Zeit stehlen lassen:*

*1) Würfelspiele*
*2) Machtstreben*
*3) Gladiatorenkämpfe*
*4) körperliche ohne seelische Liebe*

*Der einzige mir bekannte Weg hingegen, die Zeit zu verdoppeln, könnte darin bestehen, die Freuden und Leiden eines Freundes so treu zu teilen, dass man gleichzeitig sein eigenes und das Leben des Freundes lebt. Leb wohl.*

*Dein Lucilius*

## Alessias «Soeben»

Alessia ist jung und hat noch lange nicht so viel erlebt wie Seneca oder Lucilius. Aber natürlich hat auch sie eine Vergangenheit. Sie erzählt mir von ihrer Teenager-Zeit auf dem Gymnasium und ihrer ersten großen Liebe, die damals ihr Leben durcheinander brachte.

«Er hieß Gennarino und war der Sohn eines Eisenbahners. Einer Mathearbeit hatten wir es zu verdanken, dass wir Freunde wurden. Ich war elend schlecht in Algebra, er der Beste des ganzen Gymnasiums. Bei einer Klassenarbeit saß ich, den Tränen nahe, vor meinem leeren Blatt. Gennarino bemerkte es, und als er zum Abgeben nach vorne ging, ließ er einen zusammengeknüllten Zettel mit den Lösungen auf mein Pult fallen. Draußen dann wollte ich mich bei ihm bedanken, aber er meinte nur: ‹Wofür denn? Das war doch selbstverständlich.› Wir fuhren dann auf seinem Mofa bis zum Park Villa Borghese, und dort gab er mir meinen ersten Kuss. Ich weiß es noch so gut, als sei das erst gestern gewesen, oder ‹soeben›, wie Seneca sagt, dabei ist es schon über acht Jahre her.»

«Was sind schon acht Jahre? Wenn du erst mal fünfzig bist, wirst du dich wahrscheinlich gar nicht mehr an mich und meinen Keller erinnern. Vielleicht sollten wir uns etwas Denkwürdiges überlegen, woran sich unsere Erinnerungen festmachen können. Leider kann ich dich nicht auf dem Mofa zur Villa Borghese mitnehmen. Erstens habe ich keins, und zweitens bin ich für solche Unternehmungen einfach zu alt.»

«Was verstehst du unter ‹Denkwürdiges›?»

«Die Zeit braucht besondere Ereignisse, an denen wir sie festhalten – genauso wie du die Merkmale der Fundstücke aus den Kaiserforen festhältst –, sonst zerrinnt sie uns unmerklich zwischen den Fingern. Hätte Gennarino dir damals nicht den Zettel mit den Lösungen zugesteckt und hätte er dir nicht deinen ersten Kuss gegeben, hättest du ihn heute schon längst vergessen. Es sind nicht die Schläge der Uhr, die die vergangene Zeit anzeigen, sondern die Schläge des Herzens.»

«Immerhin verbindet uns beide das Geheimnis der illegalen Ausgrabungen. Das werde ich sicher nicht so leicht vergessen. Letzte Nacht habe ich sogar geträumt, dass man uns festnimmt.»

Ich merke, dass Alessia unsere illegalen Grabungen mittlerweile viel mehr Spaß machen als die öffentlichen. Wir sind Komplizen, über denen das Damoklesschwert des Paragrafen 1089 schwebt.

«Es stimmt schon», fährt Alessia fort, «an manche Ereignisse erinnern wir uns überdeutlich, an andere überhaupt nicht. Vielleicht hast du Recht damit, dass die Schläge unseres Herzens das anzeigen, was wir nicht mehr vergessen werden.»

«Ja, so ist es: Die empfundene Zeit hat mit der exakt gemessenen gar nichts zu tun. Bei den Chinesen heißt es: ‹Eine Stunde lebt der gelbe Schmetterling, und das ist ihm genug.› Meistens erinnert man sich eher an schlechte als an gute Zeiten. Aber das heißt nicht, dass wir uns das Leid wünschen sollen.»

«Enrico vertritt die Ansicht, nur am Leid können wir wachsen. Aber er ist eben, wie du inzwischen weißt, ein stoischer Typ, nach dem Vorbild Senecas eigentlich, der doch auch an die Heilsamkeit des Schmerzes glaubt.»

«Ich bin gar nicht so überzeugt, dass Seneca wirklich ein Stoiker war. Ist dir nicht aufgefallen, dass er in fast jedem Brief Epikur erwähnt? Vielleicht schrieb er nur wie ein

Stoiker, verhielt sich aber in Wirklicheit wie ‹ein Schwein aus der Herde Epikurs›. Und eines steht fest: Was Frauen anging, war er ganz sicher kein Kostverächter.»

# ÜBER DIE ZEIT

*Lieber Lucilius,*

*folge meinem Rat, werde Herr über Deine Zeit, halte sie zusammen und behüte sie. Sie ist Dein kostbarstes Gut. Sei überzeugt, es ist so, wie ich schreibe: Manche Zeit wird uns entrissen, manche gestohlen, manche entrinnt einfach. Der größte Teil des Lebens entgleitet unbemerkt, während man Schlechtes tut, ein großer Teil, während man nichts tut, das ganze Leben, während man Belangloses tut. Kein Mensch ist sich bewusst, dass wir Tag für Tag sterben, Minute für Minute. Kein Mensch misst der Zeit tatsächlich Bedeutung bei.*

*Darin nämlich täuschen wir uns, dass wir glauben, der Tod liege noch vor uns, da er in Wirklichkeit aber zum großen Teil schon geschehen ist und hinter uns liegt. Jede Stunde, die verrinnt, geht aus Deinem Besitz in den des Todes über. Darum umfasse also, mein Lucilius, alle Deine Stunden mit beiden Händen. So wirst du weniger vom Morgen abhängen und Herr über das Heute sein. Alles, Lucilius, ist fremdes Eigentum, nur die Zeit gehört allein Dir. Von der Natur hast Du sie empfangen; gehe also sorgsam damit um, und gib nicht bei der erstbesten Gelegenheit davon her. Denn wie oft schon hast auch Du, gestehe es ein, Zeit weggeworfen, um Dir Überflüssiges zu beschaffen.*

*Nun wirst Du Dich fragen, wie ich, der ich Dir ungebetenen Ratschläge erteile, es selbst mit der Zeit halte. Und ich will Dir so ehrlich wie möglich antworten: Ich bin ein*

*Mensch, der seine Zeit großzügig ausgibt, jedoch ohne dabei zu übertreiben. Es ist ja töricht, Reichtümer für ein Morgen anzuhäufen, das es gar nicht gibt. Andererseits wussten unsere Vorfahren schon, oder zumindest jene, die als die weisesten gelten: «Zu spät kommt die Sparsamkeit, wenn man auf dem Grund des Gefäßes angelangt ist. Es bleibt nicht nur wenig zurück, sondern auch nur Ungenießbares.» Leb wohl.*

*Dein Lucius Annaeus*

(Seneca, Brief 1)

*Lieber Lucius Annaeus,*

*Dein Bild vom Gefäß und dem Bodensatz überzeugt mich nicht ganz. Zwar war ich als Zwanzigjähriger, als mein Gefäß noch voll war, ohne Zweifel gesünder, schöner und stärker als heute, aber deshalb nicht glücklicher: Ich stellte den jungen Mägden nach und nahm mir keinen Augenblick Zeit, um nachzudenken. Heute hingegen erlebe ich, den Göttern und vor allem meinem Alter sei Dank, all meine Gefühlsregungen sehr viel intensiver, was so weit geht, dass ich mich von Winzigkeiten anrühren lasse. Gestern war ich wie eine Pflanze, die ohne Bewusstsein existiert, heute bin ich im wahrsten Sinne des Wortes ein Mensch und mache mir Gedanken über alles, was mir begegnet. Sehe ich einen schönen Sonnenuntergang, bleibe ich bewundernd stehen, treffe ich einen Bekannten, freue ich mich, mich mit ihm unterhalten zu können, gehe ich ins Theater, tausche ich mich am nächsten Tag mit meinen Freunden über die Vorstellung aus.*

*Und deshalb stelle ich hier die Frage: Ist es besser, jung und gesund zu sein, aber nichts vom Leben zu verstehen, oder alt und krank, und dafür auch die kleinsten Freuden zu schätzen, die uns das Leben noch schenken kann? Wahrscheinlich lautet die richtige Antwort, dass wir die Jugend lehren müssen, in jedem Augenblick die Magie eines Ereignisses zu erkennen. Ist nicht eben das die Aufgabe der Philosophie? Ach hätte mir doch, als ich jung war, ein unsichtbarer Gefährte ins Ohr geflüstert: «Besinne dich, o Lucilius, das, was du gerade erlebst, ist ein magischer Moment!» Leb wohl.*

*Dein Lucilius*

## Magische Momente

«Kannst du dich noch an magische Momente deines Lebens erinnern?», will Alessia von mir wissen, als sie Lucilius' Antwortbrief aus der Hand legt. «Wo hast du sie erlebt, eher im Beruf oder in der Liebe?»

«Ach, ich fürchte, so viele magische Momente waren das gar nicht. Intensiv genossen habe ich meine Siege im Sport. In meiner Jugend war ich nämlich ein guter Mittelstreckenläufer. In der Liebe – ich weiß nicht ... Sollte es mir gelungen sein, einige magische Momente gesammelt zu haben, dann jedenfalls, ohne es zu merken.»

«Das musst du mir näher erklären.»

«Na ja, als ich sie erlebte», antworte ich, «schienen sie mir keineswegs so besonders magisch, doch dann ... mit der Zeit ... wenn man darüber nachdenkt ... Es ist doch so, dass man ein gewisses Alter erreicht haben muss, um bestimmte Dinge von Grund auf zu verstehen. In der Jugend können wir das noch nicht. Später aber, wenn man mal die fünfzig überschritten hat, sieht das anders aus.

Dann fangen wir an, in Erinnerungen zu schwelgen. ‹Weißt du noch damals, als ich zu dir sagte …›, heißt es dann, ‹… und damals … Ach, was waren wir doch glücklich!›»

«Also du hättest dir auch, genau wie Lucilius, einen unsichtbaren Souffleur gewünscht. Ich hingegen habe meine Fehler immer in die andere Richtung gemacht: Ich hatte immer den Eindruck, magische Momente zu erleben, um dann irgendwann zu merken, dass sie keineswegs so etwas Besonderes waren und dass jener wunderbare Junge, in den ich so verliebt war, alles Mögliche war, nur nicht wunderbar.»

«Sprichst du von Enrico?»

«Nein, um Himmels willen: Enrico ist eine Seele von Mensch. Er hat viel mehr zu bieten, als man auf den ersten Blick glauben mag. Ich rede von all den Erfahrungen, die ich zwischen sechzehn und einundzwanzig gemacht habe. Von all jenen, die mir am ersten Tag der ‹Mann meines Lebens› zu sein schienen und sich in den folgenden Tagen als das entpuppten, was sie tatsächlich waren: bedauernswerte Kerle auf der Jagd nach Sex.»

«Wenn man dich so hört, könnte man glauben, du hättest ein sagenhaft ausschweifendes Leben geführt. Jetzt scheinst du ja, wenn ich mich nicht täusche, sehr viel vorsichtiger zu sein.»

«Das kannst du laut sagen. Mir kann man nichts mehr vormachen.»

«Na ja, wer weiß, vielleicht warst du früher glücklicher. Es ist die Frage, ob es besser ist, sich stets zu kontrollieren, um sich so vor Enttäuschungen zu schützen, oder sich dem Leben zu öffnen, mit allen Enttäuschungen und falschen Hoffnungen, die dazugehören. Seneca würde wohl, wenn ich ihn recht verstehe, Ersteres wählen, Lucilius Letzteres.»

# ÜBER DIE EITELKEIT

*Lieber Lucilius,*

*Du denkst, ich werde Dir schreiben, wie gnädig es der Winter mit uns gemeint hat, der milde war und kurz, wie missgünstig der Frühling, wie unzeitig die späte Kälte und andere Nichtigkeiten von Schreibern, die nach Worten suchen? Nein, ich will Dir etwas mitteilen, was Dir und mir wirklich nützen kann. Was könnte das anderes sein als die Ermahnung zur richtigen Seelenhaltung? Eine Seelenhaltung, die die Grundlage unserer Existenz bildet, die verhindert, dass wir zu Sklaven unserer Leidenschaften werden und unserer Eitelkeit zum Opfer fallen. Grundlage unserer Existenz sei das, sagte ich, dabei ist es ihr Gipfel. Denn der Eitelkeit zu widerstehen bedeutet, den Gipfel der Weisheit zu erklimmen.*

*Jeder Mensch, der ein Ziel zu erreichen trachtet oder eine bestimmte Hoffnung hegt, mag sie nun leicht oder nur unter Schwierigkeiten zu erfüllen sein, ist beunruhigt und seiner unsicher. Du hingegen lerne, Dich der Dinge zu erfreuen, die Du schon besitzt. So wirst Du feststellen, dass Dir nichts zu wünschen übrig bleibt. Glaube nicht, mit diesen Ermahnungen wolle ich Deine Bestrebungen, Dich weiterzuentwickeln, vereiteln. Nein, überzeugen will ich Dich, dass die größten Freuden schon in Deinem Besitz sind. Du brauchst nichts weiter zu tun, als innezuhalten und sie zu genießen.*

*Glaube mir, mein Lucilius, die wahre Freude lacht und scherzt nicht. Sie ist ernst. Manche raten ja dazu, den Wid-*

*rigkeiten des Lebens – dem Tod, der Armut, der Ungerechtigkeit oder dem Schmerz – mit einem Lächeln auf den Lippen zu begegnen. Das ist falsch. Es wäre keine Freude, sondern Dummheit. Du aber sollst im Besitze einer Freude sein, die von innen kommt. Werden nicht auch die wertlosesten Metalle an der Oberfläche gewonnen, die wertvollen aber in der Tiefe, wo sie nur dem unablässig tief Grabenden zugänglich sind?*

*Und so beschwöre ich Dich, mein lieber Freund: Lerne Verachtung gegenüber jenen materiellen Gütern, die von außen an Dich herangetragen werden, und grabe nach den Schätzen, die im Innern Deiner Seele verborgen liegen. Mache Dir bewusst, dass Du der beste Teil Deiner selbst bist. Bleibe Dir treu und lasse Dich nicht durch äußere Ereignisse von Deinen Vorsätzen abbringen. Jene, die sich kurzlebigen Moden anpassen, sind wie Treibgut auf dem Meer: Sie kommen dort an, wo die Strömung sie hinzieht, und schaffen es nie, selbst über den Kurs zu entscheiden. Leb wohl.*

*Dein Lucius Annaeus*
(Seneca, Brief 23)

*Lieber Lucius Annaeus,*

*in Deinem letzten Brief hast Du mich vor den Tücken der Eitelkeit gewarnt, und dafür danke ich Dir. So kam ich dazu, über die Eitelkeit nachzudenken und mich zu fragen, worin diese Krankheit besteht, vor allem aber, worin sie sich von anderen Krankheiten, die uns befallen können, unterscheidet. Nun, ich brauchte nicht lange, um die Antwort zu finden: Eitelkeit ist unnatürlich. Über die*

*Maßen nach Geld zu verlangen, nach einer Frau oder nach Macht, ist sicher vom moralischen Standpunkt aus ebenso verwerflich wie die Eitelkeit. Dennoch können wir darin so etwas wie eine verständliche menschliche Schwäche sehen, die mehr oder weniger zu den Grundbedürfnissen des Menschen gehört. Denn diesen Wünschen liegt eine Urangst zu Grunde: die Angst, nicht genügend zu essen zu haben, die Angst, die erotischen Bedürfnisse nicht befriedigen zu können, oder auch die Angst, im Freien nächtigen zu müssen. Für Eitelkeit hingegen gibt es keine Rechtfertigung: Sie ist ein dummes, sinnloses Laster und darüber hinaus Zeichen geistiger Armut.*

*Als sich Paris bei dem berühmten Urteil zwischen Juno, Minerva und Venus entscheiden musste, sprach er der Göttin der Liebe den Goldenen Apfel zu, zog also die Liebe der Macht und der Weisheit vor. Wäre jedoch unter den drei Göttinnen auch Narziss gewesen, hätte Paris, da bin ich mir ganz sicher, ohne zu zögern, den eitlen Jüngling gewählt. Denn wenn man es recht bedenkt, dienen Macht, Schönheit und Weisheit nur dazu, sich auf den höchsten Sockel zu schwingen und dort von den Massen bewundert zu werden. Gäbe es eine Bühne, auf der einen gleichzeitig alle Sterblichen sehen könnten, so würde es, glaube mir, o Lucius, keinen größeren Reiz für jeden Menschen geben, als hinaufzusteigen und sich den anderen zu zeigen.*

*Vor Jahren, als ich noch in Rom lebte, begleitete ich des Öfteren den Silberwarenhändler Cassius Paullinius zu den Agrippa-Thermen. Beide wohnten wir an der Via Appia, einige Meilen vor der Stadt, und indem wir den Weg gemeinsam zurücklegten, wurde er uns weniger beschwerlich. Doch jedes Mal wieder fragte ich mich, warum Cassius solch einen langen Weg überhaupt auf sich nahm, verfügte er doch in seiner Villa über all das, was zu einem gu-*

*ten Bad gehört, einschließlich zweier Haarkünstler von außergewöhnlichem Geschick und eines Masseurs, der bei weitem besser war als jener, der in den Thermen seinen Dienst versah. Dann eines Tages kam ich dahinter, worauf er tatsächlich aus war: Cassius Paullinius begab sich nach Rom, um sich von den Menschen grüßen zu lassen. Die Tatsache, dass man ihn erkannte, machte ihn geradezu euphorisch. Offensichtlich zweifelte er an seiner eigenen Existenz, und der Gruß eines Fremden wirkte seiner Angst entgegen.*

*Dazu noch eine weitere Episode: Vor langer Zeit lebte in Ephesos ein alter Mann namens Herostratos, der sagte sich eines Tages: ‹Jetzt bin ich schon achtzig Jahre alt und habe immer noch nichts Bemerkenswertes geleistet. Nach meinem Tod wird sich kein Mensch mehr an mich erinnern. Es wird also Zeit, etwas dagegen zu tun.› Kurz entschlossen legte er Feuer an den herrlichsten Tempel der Stadt, der der Artemis geweiht war. Dann baute er sich vor dem brennenden Gebäude auf und schrie, so laut er konnte: «Bürger von Ephesos: Ich war es, der den Tempel in Brand setzte! Mein Name ist Herostratos. Vergesst ihn nicht und erinnert auch Eure Nachkommen an diesen Namen: He-ro-stra-tos.» Daraufhin ließen ihn die Archonten von den Wachen abführen, warfen ihn aber nicht in den Kerker, sondern beschlossen, nur jene zu bestrafen, die noch einmal seinen Namen erwähnten. Aber letztendlich hat Herostratos sein Ziel erreicht: Bedenke nur, dass ich jetzt in diesem Moment seinen Namen erwähne. So wie Herostratos geht es vielen Menschen, auch einer Reihe unserer Freunde: Sie verzehren sich danach, dass man sich an sie erinnere, und sei es auch der schändlichsten Taten wegen. Leb wohl.*

*Dein Lucilius*

# Selbstdarsteller

Am Fall des Silberwarenhändlers Cassius Paullinius, der den langen Weg zu den Thermen nur zurücklegte, um von den Leuten erkannt zu werden, entzündet sich eine lebhafte Auseinandersetzung zwischen Alessia und mir.

«Es geht den Menschen weniger darum, erkannt als vielmehr beachtet zu werden», meint Alessia. «Nicht zufällig machen viele noch die verrücktesten Moden mit. Ihr eigentliches Ziel ist nicht, beim Namen genannt zu werden, sondern die Leute zu beeindrucken.»

«Das mag für den weiblichen Teil der Bevölkerung stimmen», entgegne ich, «für Männer sicher nicht. Frauen haben doch schon immer den größten Wert auf ihre Schönheit gelegt – und dafür auch die Konsequenzen zu spüren bekommen. Für eine Frau steht das ästhetische Urteil im Vordergrund, für einen Mann jedoch zählt die Anerkennung seiner gesellschaftlichen Rolle. Die Leute flüstern: ‹Das ist doch der Bankier Tizio!›, oder: ‹Siehst du da den Schauspieler Caio?›, oder: ‹Dort steht Sempronio, der Vorsitzende der Partei X!› Lucilius hat diesbezüglich keine Zweifel: Er erkannte, wie unsicher Cassius Paullinius sich seiner Existenz war; nur der Gruß eines Fremden konnte ihm die nötige Sicherheit geben. Mit anderen Worten: ‹Wenn man mich grüßt, heißt das, dass man mich erkennt, und wenn man mich erkennt, heißt das, dass ich lebe.› Mit dieser Theorie hat sich übrigens der japanische Philosoph Fukuyama ausführlich beschäftigt, und vor ihm der große Hegel. Für Freud war es der Eros, der die Welt bewegt, für Adler die Macht, für Hegel die Anerkennung. Unbestritten ist wohl: Die schlimmste Kränkung, die wir einem Menschen zufügen können, besteht darin, ihn nicht zu erkennen, besonders wenn es sich um einen Prominenten handelt. Um solche Fettnäpfchen zu vermeiden, verpflichten amerikanische Firmen ihre Angestellten dazu, Namensschildchen an den Revers zu tragen. Den römischen Kaisern hingegen stand immer ein *nomenclatore* zur Seite, der die Aufgabe hatte, die Namen derer, die vor den Herrscher traten, auszurufen.»

«Und was hältst du von der Geschichte mit Herostratos?»

«Die ist doch sehr aufschlussreich, auch wenn sie heute, im Zeitalter des Fernsehens, etwas anders ausgehen würde. Hätte Herostratos heutzutage einen Tempel angezündet, wäre ihm zweifellos ein ausführlicher Bericht in den Abendnachrichten vergönnt gewesen, so wie dem Verrückten, der den Brunnen von Bernini beschädigt hat. Die Entscheidung der Archonten von Ephesos finde ich richtig; nicht der Psychopath soll bestraft werden, sondern nur die, die ihm Publicity gewähren. Nachsicht also für die verschiedenen exhibitionistischen Spinner und strenges Durchgreifen gegenüber den Chefredakteuren der Nachrichtensendungen, die über die Tat berichten.»

«Dann würden den Talkshows aber die Gäste ausgehen.»

«Da brauchst du keine Angst zu haben. In so einer Sendung aufzutreten ist das Größte für die Leute. Sollte sich unser Maurizio Costanzo zum Beispiel eines Tages dazu entschließen, die Plätze auf seinem Podium meistbietend zu versteigern und den Erlös der Staatskasse zuzuführen, wären die Probleme des italienischen Finanzministers mit einem Schlag gelöst. Kein sündteurer Sportwagen, keine Ehrendoktorwürde, keine superscharfe Frau und kein raffiniertes Fünf-Gänge-Menü können es an Attraktiviät mit einem Auftritt in seiner Show aufnehmen. Am Tag nach der Ausstrahlung zu hören: ‹Dich habe ich doch gestern bei Costanzo gesehen›, ist die höchste Auszeichnung, die heutzutage in Italien erreichbar ist, vergleichbar vielleicht nur mit dem Nobelpreis.»

«Mit dem Nobelpreis ...!?»

«Ja – bevor ihn Dario Fo verliehen bekam.»

# ÜBER WAHRE UND FALSCHE FREUDEN

*Lieber Lucilius,*

*hohen Genuss hatte ich an Deinem letzten Brief. Und da ich das Wort «Genuss» schon verwende, gestatte mir klarzustellen, wie der Begriff hier gemeint ist. Für die Stoiker ist ja bekanntermaßen der Genuss ein Laster. Für die Epikureer hingegen eine Freude der Seele. Gewöhnlich sprechen wir von einer großen Freude, wenn ein Freund zum Konsul gewählt, ein Kind geboren wird oder wenn zwei gute Bekannte die Ehe eingehen. Wegen dieser Freude haben wir aber kein schlechtes Gewissen. Daraus lässt sich folgern, dass es zwei Arten von Freuden gibt, die guten und gesunden einerseits, die vulgären andererseits. Nun, was ich beim Lesen Deines Briefes empfand, war in der Tat ein gesunder Genuss!*

*Nun aber zu einem anderen Thema. Gerade lese ich Sextius, einen scharfsinnigen Autor, der zwar in griechischer Sprache philosophiert, dabei aber seine römische Haltung nicht verleugnet. Es beschäftigt mich ein Bild, das er verwendet: Die Armee marschiert in quadratischer Schlachtordnung, und egal von welcher Seite der Feind angreift, er stößt immer auf eine Verteidigungslinie kampfbereiter Soldaten, die ihn zurückwerfen können. Dasselbe, sagt Sextius, müsse der Weise tun. Ob der Angriff nun von links oder rechts, von vorne oder hinten, von oben oder unten erfolgt, der Weise hat stets mit der gleichen Entschlossenheit zu antworten. Weder zieht er sich zurück, noch zögert er mit der Gegenreaktion, egal welcher Art Attacke er ausgesetzt ist, einem körperlichen Schmerz, einem Trauerfall in der Familie oder einem herben finanziellen Verlust.*

*Doch wann, meinst Du, sind wir in der größten Gefahr? Wenn wir uns der Selbstzufriedenheit hingeben. Es reicht, dass uns jemand auf der Straße mit Schmeichelworten anspricht, uns vielleicht als gut, begabt und ehrlich bezeichnet, und schon sind wir bereit, ihm zu glauben. Während wir geübt sind, Tadel zurückzuweisen, fällt uns das, wenn wir ein Lob hören, sehr viel schwerer.*

*Nun will ich Dir darlegen, wie Du erkennen kannst, ob Du schon ein Philosoph bist oder noch etwas dazuzulernen hast. Ein Philosph ist im Grunde unerschütterlich. Er lacht nicht, und er weint nicht, mit den Göttern lebt er auf gleicher Ebene und lässt sich nicht von den Wechselfällen des Lebens mitreißen. Beobachte Dich unter diesem Gesichtspunkt einmal aufmerksam selbst: Wenn Du niemals traurig bist, keine Hoffnung Dein Herz mit der Erwartung von Künftigem beunruhigt, wenn Tag und Nacht völlig gleichmäßig die Haltung einer gehobenen und mit sich selbst einverstandenen Seele bestehen bleibt, hast Du den höchstmöglichen Grad des Glücks erreicht. Wenn Du Dich hingegen fortwährend nach jeder Art von Genüssen sehnst, dann weißt Du, wie weit Du noch von dem gesteckten Ziel entfernt bist. Manch einer sucht Trost im Reichtum, andere in Ausschweifungen, wieder andere in Fressgelagen, in der Macht oder darin, dass sie sich ständig mit einer Schar ergebener Bewunderer umgeben. All dies sind falsche Freuden, die niemals lange Bestand haben. Glaube mir, o Lucilius, die einzig wahre Freude ist jene, die von Dauer ist. Und nur nach dieser strebt der Weise. Leb wohl.*

*Dein Lucius Annaeus*

(Seneca, Brief 59)

*Lieber Lucius Annaeus,*

*offen gesagt, bin ich nicht Deiner Ansicht, Lachen sei in jedem Fall zu verurteilen. Zuweilen lässt sich mit einem Scherz mehr Mut einflößen als mit jenen seriösen Reden, die uns üblicherweise unsere Politiker vortragen. Erinnerst Du Dich noch an den Konsul Sulpicius Vetulus, ein Bild von einem Mann, der auch in den schwierigsten Situationen ständig lachte? So gelang es ihm auch, als unsere Legionen einmal in Britannien von feindlichen Heeren umzingelt waren, mit seiner sprichwörtlichen guten Laune die Moral seiner Männer aufrechtzuerhalten, so dass schließlich der Sieg doch noch unser war.*

*Was hingegen den Gleichmut angeht, fürchte ich ernsthaft, Deinen Erwartungen nicht entsprechen zu können. Offenbar bin ich noch nicht so weise, wie ich es Deiner Ansicht nach sein sollte. In der Tat ändert sich meine Stimmung häufig von einem Moment zum anderen. Gestern zum Beispiel hatte ich einen schlimmen Tag, auf Grund der Olivenernte, die dieses Jahr weitaus geringer als in den Vorjahren ausfällt. Eine Nichtigkeit, wirst Du sagen. Aber betrachte es einmal von einer anderen Seite. Eine schlechte Ernte ist ein ernstes Problem. Nicht für mich, der ich genug zum Leben habe, aber für meine Bauern, einfache, ungebildete Menschen zumeist, denen ein entbehrungsreicher Winter bevorsteht, wenn ihre Ölgefäße nicht gefüllt sind. Von einem Weisen, mein liebster Freund, kann man einen gewissen Gleichmut gegenüber den Widrigkeiten des Lebens erwarten, nicht aber von einfachen Tagelöhnern, die alle möglichen Arbeiten zu verrichten im Stande sind, nur nicht die eines Philosophen. Und so waren sie gestern furchtbar niedergeschlagen: Mit Tränen in den Augen standen sie mit ihren Kindern vor den halb lee-*

*ren Körben und blickten mich stumm an, darauf hoffend, dass ich, ihr Herr, doch noch plötzlich ein Wunder bewirken könne. Nun behauptest Du ganz richtig, dass ein wahrer Weiser niemals lacht. Aber glaube mir: Gestern hätte ich alles getan, um meine Bauern zum Lachen zu bringen. Leb wohl.*

*Dein Lucilius*

## Wir sind zum Leiden geboren

Alessia überfliegt noch einmal Senecas Brief über die falschen Freuden sowie Lucilius' Antwort darauf und meint dann, ein wenig besorgt: «Wenn es nach Seneca geht, bin ich alles andere als weise. Ich lache und weine nämlich sehr oft. Sogar bei den *101 Dalmatinern* kamen mir die Tränen. Wahrscheinlich hat Enrico doch Recht.»

«Womit?»

«Dass ich zu emotional bin. Seiner Meinung nach lache ich über die blödesten Sachen.»

«Das mit dem Lachen war schon immer ein umstrittenes Thema. Anaxagoras riet Perikles, niemals zu tief in den Becher zu schauen, denn sonst werde er, so sagte er zu ihm, früher oder später in Gelächter ausbrechen, und kein Mensch werde ihn mehr fürchten. ‹Denk an meine Worte›, schärfte er ihm ein, ‹willst du deine Macht erhalten, musst du ernst sein!› Auch heute noch sieht man auf Leute, die viel lachen oder andere zum Lachen bringen, eher herab. Und immer noch gilt ein tragischer Schauspieler mehr als ein komischer, was ungerecht ist, denn nur wenige machen sich überhaupt ein Bild davon, wie schwierig es ist, ein Publikum zum Lachen zu bringen. Viel einfacher ist es, jemanden zum Weinen zu bringen. Jedenfalls beherrschen wir das alle sehr gut. Mir persönlich sind lustige Menschen lieber als solche, die ständig mit todernster Miene herumlaufen. Die machen mir Angst. Hitler, Stalin oder Mussolini, nur um ein Beispiel zu nennen, haben wahrscheinlich nie gelacht.»

«Einverstanden», pflichtet mir Alessia bei, «doch wie soll man noch lachen, wenn jeden Tag so viele schreckliche Dinge geschehen? Ein Blick in die Tageszeitung genügt, und schon vergeht einem das Lachen.»

«Das hängt alles vom Charakter des Einzelnen ab. Für die Stoiker war Lachen etwas Unmoralisches, das schreibt ja auch Seneca in seinem Brief, und für die Christen sogar eine Sünde. Nicht zufällig haben sie das Bekenntnis ‹wir sind zum Leiden geboren› erfunden. Überleg mal – wann wenden sich die Menschen an Gott? Wenn es ihnen schlecht geht! Und so wächst mit dem Leid die Macht derjenigen, die als Vermittler zwischen Himmel und Erde fungieren.»

«Du meinst die Priester?»

«Die Kirche im Allgemeinen.»

«Aber Enrico ist kein Priester, und dennoch lacht er nie.»

«Hast du mit ihm zusammen schon mal einen Film von Totò angesehen?»

«Ja, aber da lacht er auch nicht. Erst gestern Abend lief *Totò, Peppino e la malafemmina* im Fernsehen. Und stell dir vor, er hat kein einziges Mal gelacht. Noch nicht mal, als Totò Peppino den Brief diktiert.»

«Tja, das ist hart.»

«Er hat aber viele andere Qualitäten. Er ist ein guter Mensch. Am Wochenende hilft er zum Beispiel immer freiwillig im Krankenhaus aus.»

«Offensichtlich fasziniert ihn das menschliche Leid. Sieht

er einen Kranken vor sich, kann er der Versuchung nicht widerstehen, dessen Unglück zu teilen. Glaub mir: Willst du noch ein wenig mehr von ihm geliebt werden, brauchst du ihm nur zu sagen, dass du an einer unheilbaren Krankheit leidest.»

«Mag sein. Aber du hast wirklich schräge Ideen!»

# ÜBER DEN SELBSTMORD

*Lieber Lucilius,*

*nach langen Jahren habe ich Pompeji wieder gesehen. In meine Jugendzeit fühlte ich mich zurückversetzt, und mir schien, als sei das alles erst ein paar Tage her. Die traurige Wahrheit ist jedoch, dass mein ganzes Leben schon hinter mir liegt, und vor mir nur der Zeitpunkt meines Todes. Jener Zeitpunkt, den die Menschen in ihrer unendlichen Torheit als Klippe bezeichnen, der aber in Wirklichkeit ein Hafen ist. Wird ein noch junger Mensch in diesen Hafen verschlagen, darf er sich so wenig beklagen wie ein Seemann, dem die Fahrt übers Meer in kurzer Zeit gelungen ist. Die einen werden von günstigen Winden rasch an ihr Ziel getragen, die anderen von trägen Winden festgehalten und ermüdet. Die einen befahren das Meer des Lebens unter Blitzen und Stürmen, die anderen in langweiliger Ruhe. Das Leben – Du weißt es – braucht nicht unter allen Umständen festgehalten zu werden: Denn nicht das Leben selbst ist ein Gut, sondern nur ein sittliches Leben.*

*Daher lebt ein Weiser, so lange er will, nicht so lange er kann. Er bedenkt stets, wie sein Leben beschaffen ist, und nicht, wie lange es andauert. Wenn ihm viel Beschwerliches widerfährt, das ihn nicht mehr zur Ruhe kommen lässt, wird er den Freitod suchen. Und das nicht nur in einer verzweifelten Notlage, sondern er wird, sobald ihm sein Geschick verdächtig erscheint, gewissenhaft prüfen, ob nicht jetzt der Zeitpunkt für das Ende gekommen sei. Es kommt für ihn nicht darauf an, möglichst spät zu ster-*

*ben, sondern gut zu sterben. Stellt er fest, dass sich das Glück von ihm abwendet, denkt er darüber nach, den Schlusspunkt zu setzen. Mit Schaudern denke ich an jenen Telesphoros aus Rhodos, der, von einem Gewaltherrscher in einen Käfig geworfen und wie ein wildes Tier gehalten, auf den Rat, er solle die Nahrung verweigern, antwortete: «Das werde ich niemals tun: Solange wir leben, ist Hoffnung.»*

*Dennoch kann der Fall eintreten, da es gerechtfertigt erscheint, dem letzten Augenblick nicht zuvorzukommen. So lag Sokrates dreißig Tage lang in Ketten, bevor er den Schierlingsbecher leerte, obwohl auch er das quälende Warten auf den Tod durch Nahrungsverweigerung erheblich hätte verkürzen können. Aber das tat er nicht, zum einen, um den Gesetzen Athens zu gehorchen, zum anderen, um seinen Schülern einen vorbildlichen Sokrates an der Schwelle des Todes zu zeigen. Dennoch lässt sich die Tatsache nicht leugnen: Vor die Wahl gestellt zwischen einem qualvollen Tod und einem, der sich schnell und leicht vollzieht, sollten wir Letzterem mit der eigenen Hand nachhelfen. Sein Leben muss ein jeder auch vor anderen rechtfertigen, den Tod aber nur vor sich selbst.*

*Du wirst auch Lehrer der Philosophie finden, die Dir dieses Recht auf den Freitod absprechen. Aber glaube mir, o mein Lucilius, sie haben Unrecht. Wieso sollte ich auf eine grausame Krankheit warten, mich dem Leid unterwerfen, obwohl ich in der Lage bin, Qualen und Widerwärtiges zu vermeiden? Du genießt Dein Leben? So lebe es! Du genießt es nicht mehr? So gehe dorthin zurück, woher Du gekommen bist! Leb wohl.*

*Dein Lucius Annaeus*

(Seneca, Brief 70)

*Lieber Lucius Annaeus,*

*Dein letzter Brief hat mich dermaßen überzeugt, dass ich kurz davor war, meinem Leben ein Ende zu setzen. Ich sagte mir: «Um viele Jahre habe ich nun schon die durchschnittliche Lebensdauer eines Menschen übertroffen, und mit Sicherheit habe ich den besten Teil schon gelebt. Warum nicht also jetzt ein schönes Leben mit einem leichten Tod abschließen? Blicke ich zurück, komme ich nicht umhin, den Göttern für die Behandlung, die sie mir angedeihen ließen, zu danken. Ich war immer bei bester Gesundheit, fand eine liebevolle Frau, die mir zwei Kinder gebar, auf die ich stolz sein kann, und bekleidete ein Amt, das eines Prokurators auf Sizilien, das mir Ansehen und Ehre einbrachte. Was kann ich noch mehr vom Leben erwarten?» Doch es dauerte nicht lange, bis diese Überzeugung in Angst umschlug. Vielleicht war es auch Feigheit oder das Bestreben, den Göttern noch einige glückliche Tage zu entreißen. Jedenfalls beschloss ich, diese letzte Tat zu verschieben.*

*Allerdings forderst Du auch nur den von schwerem Leid geprüften Menschen zum Selbstmord auf, und nicht jenen, der sich noch einer guten Gesundheit erfreuen darf. Ganz anders war da ein gewisser Hegesias, Philosoph in Athen, der die Euthanasie befürwortete, den so genannten «leichten Tod». Er hielt wildfremde Menschen auf der Straße an, fasste sie kameradschaftlich unter und redete ihnen ein, dass sie sich umbringen sollten. «Hör mir zu, Bruder», sagte er, «du weißt mit Sicherheit, dass du sterben musst. Nicht aber weißt du, welcher Tod dich erwartet. Vielleicht hat dir das Schicksal ein langsames, qualvolles Ende zugedacht, vielleicht wirst du gelähmt sein oder starke Schmerzen leiden oder unter den Trümmern eines Hauses verschüttet. Befolge also den Rat eines Mannes, der viele Menschen unter entsetzlichen Qualen sterben sah: Bringe dich noch heute selbst um! Ein kurzer Augenblick nur, und du bist aller Sorgen ledig! Ich habe hier ein Gift, das nicht nur sicher wirkt, sondern auch sehr günstig zu haben ist.» Mit solchen Worten gelang es ihm, jeden Monat drei oder vier Athener zum Freitod zu überreden. Man nannte ihn* peisithànatos, *den «Todes-Überreder«.*

*Doch so einfach ist die Sache meiner Ansicht nach nicht. Denken wir mit kühler Logik über das Problem nach, kommen wir nicht umhin, Hegesias Recht zu geben. Ist dann jedoch der fatale Zeitpunkt gekommen, zur Tat zu schreiten, taucht in einem Winkel unseres Herzens die Hoffnung auf, das Übel, das uns befallen hat, vielleicht doch noch besiegen zu können. Und mit ebendieser Hoffnung wünsche ich Dir, mein liebster Freund, ein langes Leben und einen plötzlichen Tod. Leb wohl.*

*Dein Lucilius*

## Die beste Zeit für den Selbstmord

«Hast du schon mal daran gedacht, dich umzubringen?», fragt mich Alessia unvermittelt.

«Nein, nie», antworte ich, «aber ich bin mir darüber im Klaren, dass es Situationen gibt, in denen die Euthanasie der einzige Weg ist, um diesem irdischen Tal der Tränen mit Würde Lebwohl zu sagen.»

«Gestern Abend habe ich mit Enrico darüber gesprochen; er hat mich davon überzeugt, dass das Leben heilig ist und Gott allein über den Zeitpunkt unseres Todes zu bestimmen hat. Eine Ansicht, die übrigens nicht nur die Kirche, sondern auch große Philosophen wie Plotin zum Beispiel vertreten haben.»

«Das mag ja sein, aber ich kann damit nichts anfangen. Mir ist ein gnädiger Gott bei weitem lieber als ein quälender. Damit meine ich nicht, dass bei jedem Schnupfen Euthanasie die beste Medizin ist. Aber diese therapeutische Verbissenheit gefällt mir auch nicht, mit der manche Patienten behandelt werden. Hast du eine Ahnung, wie viele Todkranke künstlich am Leben gehalten werden, nur weil kein Arzt den Mut findet, die Apparate auszuschalten?»

«Aber das Leben ist doch heilig.»

«Auch das stimmt nicht: Heilig ist der Schmerz, nicht das Leben.»

«Du bist einfach kein guter Christ.»

«Doch, das bin ich. Aber was mich jetzt mehr interessiert, ist die Frage, zu welcher Uhrzeit man sich umbringen sollte.»

«Wieso, zu welcher Uhrzeit?»

«Schau mal, Alessia. Für einen Menschen, der in der Öffentlichkeit steht, ist es doch überaus wichtig, die fetteste Schlagzeile zu bekommen, umso mehr bci einem Selbstmord, da es danach keine mehr geben wird. Nehmen wir nun mal an, ich würde mich so spät nachts umbringen, dass die Morgenzeitungen die Nachricht nicht mehr bringen können, und einige Stunden nach meinem Tod schießt wieder ein Attentäter auf den Papst: Die fetteste Schlagzeile wäre dahin.»

«Und was folgt daraus?»

«Daraus folgt, dass sich ein Prominenter auf alle Fälle am frühen Abend umbringen sollte, sagen wir so um sechs.

Viel später nicht, sonst kommt er nicht mehr in die Tagesschau. Ideal wäre es, die Pistole mit der Rechten zu umfassen und mit der Linken die nächstbeste Nachrichtenagentur anzurufen. Dann könnten sie auch gleich den Schuss hören.»

# ÜBER DIE KUNST, SICH ZU VERBERGEN, UND ÜBER DIE STILLE

*Lieber Lucilius,*

*oft kehre ich von einem Ausflug in der Sänfte zurück und bin nicht weniger ermüdet, als wenn ich so viel gegangen wäre, wie ich gesessen habe. Es ist nämlich auch eine Strapaze, sich lange tragen zu lassen, vielleicht sogar eine größere, weil es wider die Natur ist, die uns Füße gegeben hat, damit wir selber gehen. Doch der Anstrengung zum Trotz verspürte ich gestern Morgen das Bedürfnis, meinen Ausflug länger auszudehnen, und so hatte ich Gelegenheit, die Schönheit der Landschaft in mich aufzunehmen. Besonders bewegt hat mich jener Weg, der zwischen Cumae und dem Landhaus des Servilius Vatia verläuft. Es war herrlich: Zur einen Seite liegt das Meer, zur anderen der See.*

*Dieser Servilius Vatia war ja ein reicher Mann, ein ehemaliger Prätor, der durch seine abgeschiedene Lebensweise berühmt wurde und den man allein derentwegen für glücklich hielt. Sooft jemand in Rom zur Zeit des Seianus*[1] *in Ungnade fiel, entweder weil er diesen zu sehr gehasst oder zu sehr geliebt hatte – in gleicher Weise war es nämlich gefährlich, ihn beleidigt oder geliebt zu haben –,*

[1] Präfekt der Prätorianergarde, allmächtiger Vertrauter des Kaisers Tiberius. (A. d. Ü.)

*riefen die Menschen aus: «O Vatia, du allein weißt zu leben!» Dabei beherrschte dieser in Wirklichkeit nicht die Kunst zu leben, sondern die Kunst, sich verborgen zu halten. Einen bedeutenden Unterschied macht es nämlich, ob Dein Leben in Muße verläuft oder in Untätigkeit. Wer den Menschen aus dem Weg geht, weil die eigenen begehrlichen Wünsche unerfüllt blieben, wer andere nicht glücklich zu sehen vermag, wer wie ein scheues und träges Tier aus Furcht sich verborgen hält, der lebt nicht für sich, sondern – was am schändlichsten ist – für den Bauch, den Schlaf, die Lust.*

*Über die Villa selbst kann ich Dir nichts Bestimmtes schreiben, da ich nur die Fassade kenne. Aber die Lage des Hauses ist vortrefflich, in unmittelbarer Nähe zu Baiae gelegen, ohne jedoch die Schattenseiten der Stadt in Kauf nehmen zu müssen, wohl aber ihre Annehmlichkeiten genießen zu können. Nicht dumm scheint Vatia diesen Ort gewählt zu haben, um dort in untätiger Muße sein Alter zu verbringen.*

*Aber nicht viel trägt ein Ort zur Ruhe bei: Die Seele ist es, die allem den Wert verleiht. Mitten unter den Menschen kann man sich einsam fühlen. Und ebenso kann man, auch wenn man allein ist, in der Gesellschaft der Freunde sein, und zwar so oft man will und so lange man will. Man muss nur seine Gedanken zu ihnen wandern lassen, und sie sind uns nahe. Besitzen wir seine Seele, ist der Freund niemals abwesend. Also sei bei mir, o Lucilius, studiere mit mir, iss mit mir, gehe mit mir spazieren. Ich sehe Dich, mein Lucilius, und vor allem höre ich Dich, auch wenn Du in Sizilien lebst und ich in Kampanien. Leb wohl.*

*Dein Lucius Annaeus*

(SENECA, BRIEF 55)

*Lieber Lucilius,*

*ich müsste zu Grunde gehen, wäre Stille tatsächlich so notwendig für den in seine Studien vertieften Philosophen. Denn unmittelbar über einer Badeanstalt wohne ich, und Du kannst Dir vorstellen, was für ein Schwatzen, Schreien und Lärmen in allen Tonarten heraufdringt, sodass man sich wünscht, taub zu sein. Ich vernehme das rhythmische Rufen jener, die sich mit den Hanteln betätigen; sie stoßen kurze Laute aus und keuchen angestrengt. Wenn sich jemand massieren lässt, hört man das Schlagen der Hände auf den Schultern, das einen verschiedenen Ton ergibt, je nachdem, ob der Schlag mit der flachen Hand oder dem Handrücken erfolgt. Wenn dann noch jemand kommt, der nicht mit dem Ball spielen kann, ohne zu schreien, dann ist es ganz aus. Außerdem gibt es die Streitsüchtigen, den Dieb, den man auf frischer Tat ertappt, den Schwätzer, der seine Freude daran hat, sich selbst zu hören; und dann die Taucher, die sich ins Schwimmbecken stürzen, sodass das Wasser nach allen Seiten hoch aufspritzt. Immer höre ich den Haarentfernungskünstler, der alle Augenblicke seine Dienste mit seiner hässlichen Fistelstimme anbietet und nicht eher schweigt, bis er jemanden gefunden hat, dem er die Haare entfernen kann; dann aber fängt der zu schreien an, den er unter den Händen hat. Dazu die Straßenhändler, die Getränke, Würste oder Pasteten anpreisen, und die Kellner der Schenken, die herumziehen, um ihre Ware anzubieten, wobei sich ein jeder seines besonderen Tonfalls befleißigt.*

*So musst Du Dir meine Ferien vorstellen, o Lucilius, und doch, so glaube mir, ich kümmere mich um dieses Gelärme nicht mehr als um Wogenschwall und Wasserfall. Noch nicht einmal das Rattern der Wagen auf der*

*Straße höre ich, oder den sägenden Zimmermann, den Schmied, der sein Eisen auf dem Amboss schlägt, oder den Händler von Musikinstrumenten, der zu Tages- und Nachtzeit seine unzähligen Trompeten und Flöten ausprobiert. Dermaßen habe ich mich gegen alle Geräusche abgehärtet, dass ich sogar, ohne mich gestört zu fühlen, einen Rudermeister hören kann, der mit gellender Stimme seinen Ruderern den Takt angibt.*

*Die Seele nämlich zwinge ich, nur auf sich selbst gerichtet zu sein und sich von Äußerlichkeiten nicht ablenken zu lassen. Alles mag draußen von Lärm widerhallen, wenn nur drinnen kein Aufruhr herrscht, wenn nur untereinander nicht streiten Begehrlichkeit und Furcht, wenn nur Habsucht und Genusssucht nicht uneins sind und nicht eine der anderen zu schaden sucht. Denn was nützt einer ganzen Landschaft Schweigen, wenn die Leidenschaften toben? Du wirst gewiss auch schon festgestellt haben, dass wir selbst in der Stille der Nacht nicht ruhiger werden, nur unsere Ängste stärker. Was meinst Du, ist die Ursache? Die Seele verstört uns, ihr Aufruhr muss beschwichtigt werden, denn sie ist keineswegs ruhig, wenn der Körper ruht. Beschwichtigen lässt sich die Seele meist durch Ablenkungen. Erkennt der Feldherr, dass Furcht seine Soldaten beherrscht, lenkt er sie mit Exerzierübungen ab. Wer etwas Praktisches zu tun hat, hat keine Zeit, den Leidenschaften nachzugeben. Ähnlich verhält es sich mit der Genusssucht: Gerade wenn wir glauben, sie zum Schweigen gebracht zu haben, versucht sie uns von neuem, und sie brüllt umso lauter, je mehr wir sie vernachlässigt haben. Und so geht es uns auch mit der Habsucht und dem Ehrgeiz und allen anderen Gebrechen der menschlichen Seele. Sie sind dann am verderblichsten, wenn sie sich hinter scheinbarer Gesundheit verstecken. Wir glauben, eine gewisse Gelassenheit erreicht zu haben, und stellen plötzlich fest, dass wir keineswegs unbeschwert sind. Daher ist es unverzichtbar, sich der Philosophie anzuvertrauen: Mit ihr gelingt es uns zu widerstehen. Wie Odysseus, der seine Ohren mit Wachs verschloss, müssen auch wir uns daran gewöhnen, von außen kommende Geräusche nicht mehr wahrzunehmen, um ganz mit denen der Seele in Einklang zu leben. Leb wohl.*

*Dein Lucius Annaeus*

(Seneca, Brief 56)

*Lieber Lucius Annaeus,*

*Deine beiden Briefe trafen gleichzeitig bei mir ein: Offensichtlich schreibst Du schneller, als Dein Bote die Strecke von Kampanien nach Sizilien zurücklegt. In beiden Schreiben erörterst Du das Thema Ruhe, und obwohl Du Deine Gedanken so ausführlich darlegst, habe ich immer noch nicht verstanden, ob Du nun den Müßiggang für eine Tugend oder ein Laster hältst. In Deinem ersten Brief beschreibst Du ihn mir als eine Art Rückzug aus dem Leben an der Grenze zur Faulheit, im zweiten hingegen als einzig mögliche Abwehr gegen den Lärm der Menge. Nun solltest Du wissen, dass ich den Müßiggang für die hervorragendste Eigenschaft des Menschen halte, natürlich nur, wenn wir unter Müßiggang eine heitere Seele im Zwiegespräch mit sich selbst verstehen. Nicht alle Menschen, so scheint mir, sind jedoch in der Lage, den Müßiggang zu praktizieren, und ich fürchte, leider zu diesen zu zählen. Ich wünschte mir, in Sizilien würde man Schulen des Müßiggangs eröffnen, so wie es solche der Grammatik und der Rhetorik bereits gibt. Ich wünschte mir, jemand würde mich lehren, die Langeweile zu bekämpfen, die mich immer dann überkommt, wenn ich kein kurzfristiges Ziel vor Augen habe. Wahrscheinlich haben die Götter meine Seele wie eine Kriegsmaschine geschaffen, deren Daseinsberechtigung in der Niederwerfung eines Feindes besteht und die sofort einrostet, wenn kein Feind in Sicht ist. Darum beneide ich Dich um den Lärm in Deinem Wohnviertel: So findest Du bestimmt jederzeit jemanden, mit dem Du streiten kannst. Leb wohl.*

*Dein Lucilius*

## Die Stille und die Diskotheken

«Ich war noch nie in Cumae», gesteht mir Alessia. «Alle erzählen, dass das Meer dort wunderbar sein soll.»

«O ja. Von Trentaremi bis nach Pozzuoli zieht sich eine herrliche Steilküste mit zahlreichen malerischen Buchten. Nur leider haben es die neapolitanischen Politiker nach dem Krieg versäumt, in den Tourismus zu investieren, und stattdessen in Bagnoli die Genehmigung für ein riesiges Stahlwerk erteilt. Die Folgen kannst du dir ausmalen. Sogar die Phlegräischen Felder mit den vielen Explosionskratern, ein Naturwunder, das man einfach gesehen haben muss, wurden dadurch in Mitleidenschaft gezogen. Und dort bist du wirklich noch nie gewesen?»

«Nein, nie.»

«Dann müssen wir bald mal zusammen hinfahren. Aber dazu wirst du Enrico um Erlaubnis fragen müssen.»

«Warum das denn? Wenn wir aus beruflichen Gründen

dorthin fahren, wüsste ich nicht, warum es Probleme geben sollte. Und außerdem, damit das klar ist, brauche ich niemanden bei irgendetwas um Erlaubnis zu fragen», antwortet Alessia ein wenig gereizt.

«Schon gut, schon gut. Schließlich ist es ja auch ein Ding der Unmöglichkeit, dass eine Archäologin noch nie die Phlegräischen Felder gesehen hat. Weißt du eigentlich, dass dort der Sage nach der Krieg gegen die Giganten entschieden wurde, jene außer Rand und Band geratenen Hünen, die sich nicht der Herrschaft der Olympischen Götter unterwerfen wollten? Der Göttin Hera hatte man erzählt, nur ein Mensch mit einem Löwenfell könne diese Aufrührer niederwerfen, und so bestellte Zeus den Herakles, der ein Löwenfell trug, zu sich und trug ihm auf, die Sache zu erledigen. Aber das war leichter gesagt als getan. Zumal einer der Giganten, ein gewisser Alkyoneus, ein Sohn der Mutter Erde, auch wenn er getötet wurde, sofort wieder zum Leben erwachte, sobald er den Erdboden berührte. So war Herakles gezwungen, ihn auf seine Schultern zu laden und vom heimischen Boden wegzuschaffen, um ihn endgültig auslöschen zu können. Der Gigant Porphyrion hingegen war gerade im Begriff, Hera zu töten, als ihn Eros mit einem seiner Liebespfeile traf. Aber das hätte er lieber nicht tun sollen. Denn augenblicklich verwandelte sich Porphyrions Mordlust in rasende Geilheit, und so stürzte er sich erneut auf Hera, diesmal, um sie zu vergewaltigen. Woraufhin Zeus, wahnsinnig vor Eifersucht, Herakles anflehte, den Bösewicht auf der Stelle zu erwürgen. Schließlich, als alles vorbei war, wurden die Giganten auf den Phlegräischen Feldern begraben, und noch heute kann man dort ihre glühenden Münder sehen, die Rauch und Verzweiflung ausstoßen. Daher auch der Name. Das griechische Wort *phlegraios* bedeutet ‹glühend›.»

«Faszinierend! Das muss ja wirklich ein ganz besonderer Ort sein, der zu solch einer Geschichte angeregt hat», bemerkt Alessia.

«Ja, und das ist nicht die Einzige. In der Mythologie heißt es, beim Averner See, der auch dort liegt, sollen giftige Dämpfe aufgestiegen sein, die jedes Lebewesen im Umkreis von zwei Kilometern töteten. Das sollen die letzten Atemzüge der Giganten gewesen sein. Sogar die Vögel hielten sich von dort fern. Nicht zufällig bedeutet das lateinische Avernus ‹ohne Vögel›. Und dann wäre da noch die Höhle der Sibylle. Wenn man sie sieht, versteht man sofort, warum die Römer sie für das Tor zum Reich der Unterwelt hielten. Also, was meinst du? Wann fahren wir?»

Alessia übergeht die Frage und wechselt das Thema.

«Seneca muss schon ziemlich hart im Nehmen gewesen sein, wenn er sich durch den Lärm in seinem Viertel so wenig aus der Ruhe bringen ließ.»

«Das schon. Aber heute sähe das bestimmt anders aus», antworte ich. «Denk nur mal an den Verkehrslärm. Die akustische Umweltverschmutzung hat doch mittlerweile ein solches Maß erreicht, dass sich Seneca, wäre er im 20. Jahrhundert geboren, bestimmt schon etliche Jahre früher umgebracht hätte.»

«Ja, und Diskotheken kannte er auch nicht. Will man jederzeit, wie es Seneca fordert, für die Regungen seiner Seele offen sein, bleibt einem nichts anderes übrig, als sich ab einer gewissen Dezibelzahl mit Ohropax zu behelfen.»

«Gehst du eigentlich häufig in Diskotheken?»

«Nein, ganz selten», antwortet Alessia. «Enrico hasst Diskos. Und auch mit Musikkneipen kann er nichts anfangen. Einmal ist es mir gelungen, ihn zu einem Konzert von Paolo Conte mitzuschleppen. Aber vor der Pause waren wir schon wieder draußen.»

«Na ja, Enrico ist eben etwas altmodisch.»

«Das sage ich ja selbst. Aber im Grunde kann ich ihn verstehen. Mozart ist mir auch lieber als die Stones.»

«Und wenn du dich zwischen Mozart und Paolo Conte entscheiden müsstest?»

«Dann würde ich allerdings Paolo Conte wählen.»

# ÜBER DIE WIDRIGKEITEN DES LEBENS

*Lieber Lucilius,*

*Du empörst Dich über etwas und beklagst Dich und erkennst nicht, dass es nichts Schlimmes in diesen Dingen gibt – außer dem einen Punkt, dass Du Dich empörst und beklagst. Mit anderen Worten, ich bin davon überzeugt, dass es kein anderes Unglück gibt als jenes, das man als solches ansieht.*

*Ich will Dir ein paar praktische Beispiele geben: Du bist krank? Nun, das ist Teil Deines Schicksals. Du stöhnst unter Deiner Schuldenlast? Früher oder später wirst Du Deine Schulden begleichen. Deine Sklaven werden krank? Gib ihnen Zeit, und sie werden gesunden. Dein Haus droht einzustürzen? Gut, dass es noch nicht eingestürzt ist. Verluste, Wunden, Strapazen, Ängste sind auf Dich eingestürmt? Das kommt vor. Ja mehr noch, das musste geschehen. Denn beschlossen wird derlei, es geschieht nicht aus Zufall. Es ist der Wille der Götter, und die Götter, das weiß ja ein jeder, sind neidisch auf das Glück der Menschen. Dies bedenke und halte Dich an eine einfache Regel, um den Wechselfällen des Lebens zu begegnen: Egal, was geschieht, nimm es nicht nur hin, sondern stimme ihm mit heiterer Seele zu. Erlebst Du Schönes, so freue Dich daran, aber in Maßen. Widerfährt Dir Schlechtes, so verzweifle nicht. Schon bald wirst Du feststellen, dass es sich lediglich um einen Tribut an das Leben handelt, und davon, mein Lucilius, solltest Du Freistellung weder er-*

*hoffen noch anstreben. Blasenschmerzen haben Dich gequält? Deine Sehkraft geht zurück? Das sind Unannehmlichkeiten, die das Alter mit sich bringt. Wusstest Du das etwa nicht, als Du Dir ein langes Leben wünschtest? Derlei Gebrechen gehören zum Alter, so wie Staub, Schmutz und Regen zu einer langen Reise. «Aber ich wollte doch», könntest Du einwenden, «lange leben, ohne all diese Widrigkeiten.» Eine so weichliche Äußerung gehört sich nicht für einen Mann. Das Leben ist wie der Kriegsdienst: Es bringt Siege und Niederlagen mit sich und mit Niederlagen auch Verwundungen. Wer sie zu vermeiden trachtet, indem er sie anderen aufbürdet, hat unsere ganze Verachtung verdient. Leb wohl.*

*Dein Lucius Annaeus*

(SENECA, BRIEF 96)

*Lieber Lucius Annaeus,*

*hier in Sizilien sind zur Zeit Glücksspiele und Wetten groß in Mode, wobei sich die Rennen mit Zweigespannen besonderer Beliebtheit erfreuen. Um den Nervenkitzel noch zu erhöhen, setzen sich die Sizilianer zwischen den einzelnen Läufen an den Würfeltisch oder spielen* tali[1]*-Werfen. Ich habe Spieler beobachtet, die vor Freude über einen hohen Gewinn laut brüllten, und andere, die wegen ständiger Verluste bittere Tränen vergossen. Doch auch beim Glücksspiel sollte man eine gewisse Mäßigung zeigen. Solange jemand abwechselnd gewinnt und verliert, ist es unwürdig, in Verzweiflung zu geraten. Doch wenn das Pech*

[1] Aus Tierknochen gefertigte längliche Würfel, an zwei Seiten rund, also mit vier bezeichneten Seiten, auf die sie fallen konnten.

*einen einzigen Spieler beharrlich verfolgt und gleichzeitig das Glück einen anderen ständig bevorzugt, ist es meiner Ansicht nach richtig, mit lauter Stimme zu fluchen. Spielten wir beide* capita aut navia[2] *und Du gewännest zehn von zehn Runden, weil zehnmal* capita *erschiene, dürftest Du Dich nicht wundern, würde ich irgendwann die Geduld verlieren und zu fluchen beginnen, auf Dich und auf die Götter, die alle auf Deiner Seite stehen.*

*Was mich nun an Deinem Brief ein wenig stört, ist die Tatsache, dass Du Deine Ratschläge von oben herab erteilst. Du hast leicht reden, mein lieber Lucius Annaeus, hattest Du doch immer schon ein unverschämtes Glück. Gewiss, auch Dir sind die Widrigkeiten des Lebens nicht fremd, doch wie verzweifelt Deine Situation auch gewesen sein mag, immer hat sich alles zu Deinem Vorteil gewendet. Messalina stachelte Claudius dazu an, Dich zum Tode zu verurteilen, doch Agrippina verwandte sich für Dich, sodass schließlich das Todesurteil in Verbannung umgewandelt wurde. Nach wenigen Jahren nur erließ man Dir auch diese Strafe, und Du wurdest der Privatlehrer des Kaisers, was Dir große Ehren und beträchtliche Bezüge einbrachte. Während Du Distanz von materiellen Gütern predigtest, stiegst Du gleichzeitig zum reichsten Manne Roms auf, nicht zuletzt, weil Dich einige greise Senatoren zu ihrem Universalerben einsetzten. Ja, glaub mir, o mein Lucius Annaeus, unter solchen Umständen ist es leicht, weniger vom Glück Begünstigten zu Mäßigung und Geduld zu raten. Leb wohl.*

*Dein Lucilius*

[2] «Kopf oder Schiff», ähnlich unserem «Kopf oder Zahl». Es ist ein Spiel mit einer Münze, mit dem Kopf eines Gottes auf der einen und der Darstellung eines Schiffes auf der anderen Seite.

## Genie oder Phrasendrescher?

«Lucilius spricht mir aus dem Herzen», gestehe ich Alessia.

«Wieso? Weil er schreibt, dass Seneca oft unverschämtes Glück hatte?»

«Nein, weil er schreibt, dass Seneca ein Heuchler war.»

«Aber das schreibt er doch gar nicht», protestiert sie.

«Zwischen den Zeilen schon.»

«Hör mal, Seneca war eine moralische Autorität! Für Enrico zählt er zu den größten Philosophen der Antike. Und auch Tacitus beschreibt ihn in seinen *Annalen* als einen Mann von großer Weisheit und beeindruckender Sprachgewandtheit.»

«Schon, er schreibt aber auch, dass es dem guten Seneca gelang, durch Wucherei und dadurch, dass ihn greise Senatoren in ihren Testamenten bedachten, ein Sümmchen von rund dreihundert Millionen Sesterzen zusammenzubringen. Lies mal bei Cassius Dio oder Xiphilinos nach, und dann sprechen wir weiter.»

«Ich weiß nur, dass er irgendwann all seine Besitztümer Nero vermachte ...»

«Ja, aber nur, weil ihm zu Ohren gekommen war, dass Nero seinen Tod plante. Er hoffte, dass der Kaiser sich dadurch dazu veranlasst sähe, die Sache noch mal zu überdenken.»

«Und hat Nero das getan?»

«Wo denkst du hin? Er verlangte von Seneca sogar, die Sache selbst zu erledigen. Wie Tacitus erzählt, war Seneca gezwungen, sich die Pulsadern zu öffnen. Da dabei aber nur wenig oder überhaupt kein Blut floss, musste er sich auch noch die Adern an den Knien und den Fußgelenken öffnen. Aber auch dann starb er noch nicht. Daher bat er einen Arzt seines Vertrauens, einen gewissen Annaeus Statius, der mit ihm verwandt war, ihm einen Giftbecher zu mixen. Den trank er aus, aber der Tod wollte und wollte nicht eintreten. Schließlich konnten seine Diener diesen Todeskampf nicht mehr länger mit ansehen, packten ihn und ertränkten ihn in der Badewanne.»

«Der arme Seneca. Du kannst einfach nicht abstreiten, dass die Gedanken, die er in seinen Briefen darlegt, von hohem moralischem Wert sind.»

«Teilweise, aber nicht alle: Für mich ist Seneca eine Kreuzung zwischen Noberto Bobbio[3] und Max Catalano.»

«Wer ist denn Max Catalano?»

«Ein Freund von mir, der vor einigen Jahren durch eine Fernsehshow von Renzo Arbore ziemlich bekannt wurde. Die Sendung hieß *Quelli della notte*. Davon hast du sicher schon gehört.»

«Nein, noch nie.»

«Na, jedenfalls war es Catalanos Spezialität, auf große Fragen die banalsten Antworten zu geben. Wenn zum Beispiel Riccardo Pazzaglia, der in der Show den Philosophen spielte, das Thema des Abends vorstellte, etwa: ‹Wer sind wir, woher kommen wir, wohin gehen wir?›, antwortete Catalano sogleich: ‹Ich bin Max, du bist Riccardo, und das da ist Renzo. Alle kommen wir von uns zu Hause, und nach der Sendung gehen wir zusammen zu Candido essen.›»

«Nett, aber was hat das mit Seneca zu tun?»

«Eine ganze Menge. Denn manchmal glänzt unser Philosoph mit sehr klugen Gedanken, wie Noberto Bobbio eben, andere Male gibt er furchtbar Belangloses von sich, so wie Max Catalano. Nur dass Catalano Banalitäten zum

3 Renommierter italienischer Philosoph, geb. 1909. (A. d. Ü.)

Besten gab, um die Zuschauer zum Lachen zu bringen und weil es so in seinem Vertrag stand, während Seneca oft genug Selbstverständlichkeiten als große Einsichten verkauft.»

«Und wie erklärst du dir das?»

«Ich weiß es nicht genau, aber nach und nach habe ich mir von Seneca folgendes Bild gemacht: Er war vor allem ein Höfling, und wie alle Höflinge lobhudelte er seinem Herrn. In einem seiner Werke[4] hat er Nero mit der Sonne verglichen und ihn als den ‹größten lebenden Dichter› bezeichnet.»

«Und was weiß man von Lucilius?»

«Sehr wenig, nur, dass er aus Pompeji stammte und rund zehn Jahre jünger als Seneca war. Ja, und dass er es zum Prokurator in Sizilien brachte, und zwar durch Vermittlung Senecas.»

«Das ist alles?»

«Na ja, eigentlich wissen wir auch noch, dass er aus einer armen Familie stammte und dass er sich als Jüngling damit vergnügte, Epigramme in Griechisch zu verfassen, die ihm aber, wie es aussieht, keinen Pfennig einbrachten. Bevor wir die Papyrusrollen fanden, waren von ihm nichts weiter als drei Epigramme überliefert. Das erste lautet: ‹Es ist nicht alles dein, was das Glück zu dem Deinen gemacht hat.› Das zweite: ‹Alles, was du einem Freund schenken kannst, kann ihm auch wieder genommen werden.› Das dritte, ganz besonders aussagekräftig, bei dem selbst Lapalisse[5] vor Neid erblasst wäre: ‹Im Laufe des Lebens stirbt

[4] Vgl. Seneca, *Apocolocynthosis* (eine Satire auf den Tod des Kaisers Claudius).

[5] Abgeleitet von dem franz. Adligen La Palice, wurde im Italienischen zum Synonym für eine Binsenweisheit. (A.d.Ü.)

man viele Male, doch beim letzten Mal stirbt man wirklich zum letzten Mal!›»

«Das habe ich schon mal gehört», meint Alessia. «Auf Lateinisch müsste das heißen: *vulnerant omnes, ultima necat.* Alle Stunden verletzen, doch die letzte tötet.»

# ÜBER DIE SKLAVEN

*Lieber Lucilius,*

*erfreut höre ich von Menschen, die von Dir kommen, wie freundschaftlich Du mit Deinen Sklaven zusammenlebst: Das entspricht Deiner Klugheit und Deiner Bildung. Wenn wir es recht bedenken, sind wir doch alle Sklaven auf Erden: Jederzeit kann das Schicksal auch uns niederwerfen. Daher lache ich über jene, die es für unwürdig halten, zusammen mit ihren Sklaven zu speisen. Denn wenn sie sich gierig über ihre Delikatessen hermachen, sind sie von Sklaven umringt, die ihnen stehend und hungernd dabei zuschauen. Wie ich hörte, sind den Sklaven in einigen Patrizierfamilien in Rom auch die leisesten Geräusche untersagt. Sogar Husten, Niesen und Schluckauf werden mit einem Tag Fasten, wenn nicht gar Peitschenhieben bestraft. Und dann hört man vielleicht dieselben Patrizier mit betrübter Miene seufzen: «Ach, die Sklaven sind meine größte Sorge. Besitzt du viele Sklaven, umlagern dich auch viele Feinde.» Dabei vergessen sie vollkommen, dass eben sie, die freien Männer, es waren, die sie sich zu Feinden machten. Ich sah Sklaven, die man beim Gastmahl zwang, den Auswurf der Gäste wegzuwischen, andere, die faulige Hinterlassenschaft der Trunkenen zu beseitigen, wieder andere fungierten als Mundschenk, in Mädchenkleider gewandet, um dann, des Nachts, Knabengewänder anzulegen, um die Gelüste ihres Herrn zu befriedigen.*

*Mir ist nun nicht daran gelegen, wieder einmal die alte Frage zu erörtern, ob es moralisch oder unmoralisch sei, sich Sklaven zu halten. Dennoch möchte ich Dir einen einfachen Rat geben, der Dir im Leben nützlich sein kann: Behandle Deine Untergebenen so, wie Du von Deinen Vorgesetzten behandelt werden möchtest. Denke daran, dass jener, den Du Sklave nennst, von Deiner Art ist. Er atmet wie Du, lebt wie Du, leidet wie Du, stirbt wie Du und genießt denselben Himmel wie Du. Wenn Du ihn gut behandelst, dann wird auch er Dich gut behandeln, sollte das Schicksal einmal die Verhältnisse umkehren. Nun könntest Du erwidern, Du seist schon zu alt, um noch einmal in Ketten zu enden. Aber das ist nicht gesagt. Denke nur daran, was Hekuba geschah, Kroisos, Dareius, Diogenes oder auch Platon.*

*Suche Dir Deine Freunde nicht nur auf dem Forum. Auch in Deinem eigenen Haus kannst Du einen Freund finden. Versuche es, vielleicht entdeckst Du in einem Wesen, das Du tagein, tagaus siehst, einen Menschen, der Dich wirklich liebt. Töricht ist jener, der ein Pferd kauft und dazu nur Zügel und Zaumzeug prüft. Und ebenso töricht ist der, der einen Menschen allein nach seinem Äußeren und seinem gesellschaftlichen Rang beurteilt. Und hält Dir jemand entgegen: «Aber das ist doch ein Sklave», so antworte: «Kannst du mir einen Menschen zeigen, der das nicht ist?» Der eine ist Sklave eines Herrn, ein anderer der seiner Leidenschaften, wieder ein anderer seines Geizes oder seines Ehrgeizes, und alle, wirklich alle, sind Sklaven der Angst vor dem Tod. Leb wohl.*

*Dein Lucius Annaeus*

(Seneca, Brief 47)

*Lieber Lucius Annaeus,*

*zu Deinem letzten Brief möchte ich Dir von einem meiner Sklaven erzählen. Phylikon heißt er und stammt aus Korinth. Ich war noch ein Jüngling, als ich ihn von meinem Vater übernahm. Phylikon muss damals auch noch sehr jung gewesen sein, vielleicht sechzehn Jahre, vielleicht auch weniger. Nun will ich Dir gestehen, dass ich ohne diesen meinen Lieblingssklaven nicht wüsste, wie ich leben sollte. Vor jeder Entscheidung hole ich seinen Rat ein. Bei jeder Reise weiß ich ihn an meiner Seite, und niemals lege ich mich abends zum Schlafen nieder, ohne ihm zumindest eine gute Nacht gewünscht zu haben. Kurzum, ich bin dermaßen abhängig von diesem Mann, dass ich mich zuweilen frage, wer hier der Sklave ist. Er oder ich?*

*Wahr ist, dass viele, wie Du schreibst, ihre Sklaven wie Dinge behandeln. Und sie nennen sie auch so:* res *– eine Sache. Beispielhaft ist hier die schändliche Tat des Vedius Pollio, der einen Sklaven den Muränen allein deshalb zum Fraß vorwarf, weil dieser mit einer Antwort gezögert hatte. Häufig danke ich den Göttern dafür, dass sie mich auf der richtigen Seite zur Welt kommen ließen. Dabei ist in unserem Imperium die Wahrscheinlichkeit außerordentlich hoch, auf der falschen Seite geboren zu werden. Nach der letzten Volkszählung scheint das Verhältnis zwischen Bürgern und Sklaven eins zu drei zu sein, Frauen und Kinder natürlich nicht eingerechnet. Eine noch bescheidene Zahl, verglichen mit Athen zu Zeiten des Perikles, wo, wie ich hörte, sogar sechs Sklaven auf einen freien Mann kamen. Dennoch bin ich überzeugt, das die Sklaverei früher oder später aus unserer Welt verschwinden wird. Die Menschheit wird mechanische Wesen erfinden, die wie* *die Statuen des Daidalos, von denen Aristoteles*[1] *erzählt, in allen Bereichen die Arbeit der Sklaven übernehmen werden. Denke nur daran, dass schon Polybios*[2] *vor rund zweihundert Jahren von einem gewissen Demetrios Phalereos berichtete, der sich nicht schämte, während der Prozessionen in Athen eine Maschine vor sich her marschieren zu lassen, die sich von selbst bewegte und zum Gehen Speichel ausspuckte. Leb wohl.*

*Dein Lucilius*

## Die Sklavin Alessia

«Es muss ganz schön hart gewesen sein, damals, im ersten Jahrhundert nach Christus, als Sklave zu leben. Man behandelte sie wirklich nicht besser als Gebrauchsgegenstände.»

«Das kam doch wohl ganz auf den Herrn an, mit dem man es zu tun bekam», bemerkt Alessia. «Bei Seneca scheint es gar nicht so schlimm gewesen zu sein, als Sklave in seinem Haushalt zu leben.»

«Das glaubst aber auch nur du. Ich traue Seneca nicht über den Weg. In seinen Schriften gibt er sich als der rechtschaffenste Mensch auf der Erde, dabei muss er in Wirklichkeit einer der schlimmsten Widerlinge ganz Roms gewesen sein. Abgesehen davon, hätte ich dich, wenn ich dich damals auf einer *catasta* …»

«Auf einer was?»

[1] Vgl. Aristoteles, *Politik*, I 1254a.

[2] Vgl. Polybios, *Universalgeschichte*, XII 11.

«Einer *catasta*. Die *catasta* war eine Art Drehbühne, auf der Sklavinnen zum Verkauf angeboten wurden. Vier Sklaven hielten sie in Schwung, darauf standen die Mädchen.»

«Also praktisch wie in *Macao*, in dieser Fernsehshow von Boncompagni, wo die hübschen Teilnehmerinnen auch nichts weiter zu tun haben, als gut auszusehen?»

«Ja, so ungefähr», antworte ich, «nur dass die Sklavinnen im antiken Rom käuflich waren, die Mädchen im italienischen Fernsehen dagegen leider nicht. Wie dem auch sei, jedenfalls hätte ich dich sofort gekauft, wenn ich dich auf einer *catasta* gesehen hätte.»

«Da hättest du ein schlechtes Geschäft gemacht. Ich habe einen furchtbar schwierigen Charakter und kann ziemlich widerspenstig sein. Das meint auch Enrico immer wieder. Auf den ersten Blick scheint er das Heft in Hand zu haben, aber wenn's drauf ankommt, sage letztlich ich, wo's langgeht. Gestern wollten wir zum Beispiel das Hotel für den Sommerurlaub buchen. Er wollte nach Velia in Kampanien fahren, um irgendwelche Ruinen aus dem fünften Jahrhundert v. Chr. zu besichtigen. Wenn man ihn so hörte, hätte man glauben können, Velia sei der Nabel der Welt. Die Philosophie sei dort entstanden, erklärte er mir, und sogar Cicero habe diesen Ort als Sommerfrische empfohlen ...»

«Und wohin wolltest du?»

«Ich habe mich auf Capri versteift. Und nach einem langen Streit habe ich schließlich zu ihm gesagt: ‹Also gut, Enrico, fahr du nur zu deinem Cicero. Ich finde schon jemanden, der mich nach Capri begleitet, und wenn nicht, fahre ich eben alleine.›»

«Und dann?»

«Dann haben wir uns auf Capri geeinigt. Pension Aurora in der Via Tragara.»

# ÜBER DIE VERSUCHUNG

*Lieber Lucilius,*

*Deine vielen Reisen kann ich keineswegs gutheißen. Meiner Überzeugung nach sind sie ein Zeichen unsteter Sinnesart. Fühltest Du Dich tatsächlich im Frieden mit Dir selbst, würdest Du nicht wie eine rastlose Seele kreuz und quer durch die Welt fahren. Sei Dir darüber hinaus bewusst, dass Du immer, wenn Du Dein Haus verlässt, für Versuchungen besonders anfällig bist. Und wer weiß, ob Du ihnen jedes Mal widerstehen kannst. So wie ein Mensch, der gerade eine Liebe verloren, dem geliebten Menschen aus dem Weg geht, so muss auch der, der die Sehnsucht nach falschen Genüssen ablegen will, sehr auf der Hut sein, um ihnen nicht erneut zu erliegen. Denk daran: Schließlich hat jedes Laster irgendeinen Vorteil. Die Habsucht verspricht Geld, die Genusssucht viele und abwechslungsreiche Genüsse, der Ehrgeiz Purpurgewand, Beifall und daraus folgend Macht und was immer Macht vermag. Es liegt an Dir, alle Laster rechtzeitig zurückzuweisen, das heißt, bevor sie Dir ihre scharfen Krallen ins Herz schlagen. Doch um solch ein edles Ziel zu erreichen, musst Du Dich selbst ständig beobachten und überwachen.*

*Zum Schluss noch der Ratschlag eines Menschen, dem Dein Wohl sehr am Herzen liegt: Bereite Dich auf Dein Ende vor. Sobald Du feststellst, dass Deine gesundheitliche Verfassung zu wünschen übrig lässt, sei bereit, den Tod zu empfangen. Gib nicht jenen Recht, die sagen: «Es ist schön zu sterben, wenn der Zeitpunkt gekommen ist.» Solch ein Tod ist keineswegs schön, ja, es ist das Schlimmste, was uns überhaupt zustoßen kann. Du kannst den Zeitpunkt selbst wählen: So spät wie möglich, wenn Du gesund bist, noch heute, wenn Deine Beschwerden zu viel werden. Leb wohl.*

*Dein Lucius Annaeus*
(SENECA, BRIEF 69)

*Lieber Lucius Annaeus,*

*mir liegt viel daran, Dir zum Thema der Versuchungen zu antworten, die Du mir als wilde, am Wegesrand lauernde Bestien beschreibst, die nur darauf warten, mich anzuspringen. Ich hingegen sehe sie ganz einfach als Gelegenheiten, auf die ich mich nach meinem freien Willen einlassen kann oder auch nicht.*

*Aristippos antwortete gewöhnlich jenen, die ihm vorhielten, zu häufig die Kurtisane Laide aufzusuchen: «Ich besitze sie, bin aber nicht von ihr besessen.» Und andere Male sagte er: «Es ist nicht schändlich, Laides Haus zu betreten. Schändlich wäre es, es nicht mehr verlassen zu können.» Und vielleicht ist das das Geheimnis, wie wir mit Versuchungen umgehen sollten: Wir müssen ihnen so weit nachgeben, dass wir sie vergessen können. Wie die Ente, die ins Wasser geht, ohne nass zu werden, kann auch der Philosoph an einem Bankett teilnehmen, Wein trinken oder mit einer jungen Hetäre ins Bett gehen, ohne deshalb gleich ein Schlemmer, Säufer oder Lüstling zu sein. Und hinzu kommt, dass Versuchungen, wenn sie einmal, und sei es auch nur teilweise, befriedigt wurden, viel weniger stark locken. Die fortwährende Weigerung, jedweder Versuchung nachzugeben, kann schließlich sogar den Charakter eines Menschen schädigen.*

*Eine Zeit lang hatte ich Kontakt mit Anhängern einer neuen religiösen Sekte, die erotische Enthaltsamkeit praktiziert. Und glaube mir, lieber Lucius Annaeus, diese Leute sind nicht mehr normal. Als Strafe für unkeusche Gedanken geißeln sie sich gegenseitig mit Birkenzweigen und schwören dabei laut betend, niemals wieder der Versuchung zu erliegen. Aber eben während sie die körperliche Liebe verurteilen, sprechen sie in einem fort von ihr. Gerade so, als übten sie sie nicht mit dem Leibe, sondern in Gedanken aus, ganz im Gegensatz zu mir, der ihr zwar frönt, aber nicht viel darüber nachdenkt. Geben wir also Versuchungen gelegentlich nach. Das stärkt die Seele, so wie ein Spaziergang im Gewitter den Körper gegen alle Widrigkeiten abhärtet. Leb wohl.*

*Dein Lucilius*

## Seneca und die Frauen

«Wer hat deiner Meinung nach Recht, Seneca oder Lucilius?», will Alessia von mir wissen.

«Zum Thema Versuchungen? Kein Zweifel: Lucilius. Aber das ist nicht der Punkt: Seneca war selbst ein Mensch, der keiner Versuchung widerstehen konnte.»

«Ach komm, du freust dich doch mittlerweile, wenn du über Seneca herziehen kannst. Und ich muss es dann ausbaden. Es gibt immer Streit mit Enrico, wenn ich deine Argumente vorbringe.»

«Du glaubst mir also nicht? Dann hör mir mal gut zu: Mit vierzig heiratete Seneca ein junges Mädchen aus gutem Haus, von dem noch nicht mal der Name bekannt ist. Zwei Jahre später bezichtigte ihn Messalina des Ehebruchs, weil er mit der Schwester von Caligula, der bildhübschen Julia Livilla, ins Bett gegangen sein soll. Nun muss man wissen, dass diese Julia Livilla praktisch jeden ranließ, und als nächtlicher Gast kam Seneca erst an dritter Stelle. Die anderen beiden waren der brutale Tigellinus sowie Kaiser Caligula, ja, du hast richtig gehört, der Bruder der Dame. Leider gab's damals noch keine *Novella 2000*[1], sonst könnte ich dir diese ganzen Geschichten anhand von Fotoreportagen beweisen. Das Schlimmste dabei ist, dass diese ganzen Seitensprünge nicht die Frucht sexuellen Verlangens waren – was ja noch menschlich verständlich wäre –, sondern sozusagen Munition für die erbitterten Machtkämpfe bei Hofe. Als zum Beispiel Neros Mutter Agrippina klar wurde, dass ihr Einfluss auf den Sohn merklich schwand, stieg sie zu ihm ins Bett und bot sich ihm als Geliebte an, was übrigens Seneca ihr geraten hatte. Der Inzest konnte sie jedoch auch nicht retten. Einige Monate später wurde sie zum Tode verurteilt. Die gute Frau hatte, trotz ihres alles andere als jugendlichen Alters, am Hof für einen Skandal nach dem anderen gesorgt. Unter ihren Taten ist eine, die eigentlich ins ‹Guinness Buch der Rekorde› gehört: Angeblich hat sie es in einer Nacht nacheinander mit vierundzwanzig jungen Rekruten getrieben. Und um beim Thema zu bleiben, Seneca wurde auch der Pädophilie verdächtigt. Wie Xiphilinos berichtet, hat er nicht nur selbst kleine Jungen belästigt, sondern sie auch als Tauschware für Neros Lager missbraucht. Von Caesar ganz zu schwei-

[1] Blatt der italienischen Regenbogenpresse (A. d. Ü.)

gen: Nicht umsonst wurde der große Feldherr ‹Gatte aller Gattinnen und Gattin aller Gatten› genannt. Ja, ganz richtig, er ging mit Männlein und Weiblein ins Bett. So wissen die Historiker von einer Affäre Caesars mit Nikomedes, dem König Bithyniens, zu berichten, und ebenso, dass er die Ehefrauen anderer Verbündeter oder Widersacher beglückte: zum Beispiel die von Gabinius, von Servius Sulpicius, die Frau von Crassus und möglicherweise auch die von Pompejus. Dagegen ist Clinton ein Waisenknabe!»

«Heilige Madonna, das waren Zeiten! Ich glaube, Enrico kann sich das alles nicht mal im Traum vorstellen.»

«Dann musst du es ihm erzählen. Es wird Zeit, dem Jungen zu erklären, woher die kleinen Kinder kommen. Um Ansehen zu gewinnen, strebten die Männer damals, ähnlich wie heute, nach Machtpositionen, die Frauen verließen sich auf ihre weiblichen Reize. Höchstwahrscheinlich hatte Seneca gar kein besonderes Interesse an Sex, an der Macht aber umso mehr. Versetzen wir uns mal in seine Lage: Wer damals am Hofe nicht von ganz oben protegiert wurde, so wie er von Agrippina, konnte sich dort nicht lange halten. Mit Nero war nicht zu spaßen: Ein winziger Fehler, und man endete als Futter für die Löwen. So kam es dann, dass der Kaiser eines Abends, beim trauten Mahl mit Poppaea, beschloss, Seneca zu beseitigen. Er war noch nicht einmal bei der Nachspeise angelangt, da hatte er schon einen Boten zu seinem früheren Hauslehrer geschickt mit dem Befehl, dass der Verurteilte sich die Schlagadern aufzuschneiden habe. Praktisch war das so, als hätte er zu ihm gesagt: ‹O Seneca, du betonst immer wieder, ein jeder von uns sollte den Zeitpunkt seines Todes entscheiden. Nun zeig mir mal, wie man das macht: Entscheide dich!›»

# ÜBER DAS ALTER

*Lieber Lucilius,*

*wohin ich mich auch wende, entdecke ich Spuren meines Alters. Vor einigen Tagen besuchte ich mein Anwesen vor den Toren Roms und beklagte mich beim Verwalter über den Zustand, in dem es sich befand. Der Verwalter entgegnete mir, nicht er sei schuld daran, sondern die Zeit. «Die Mauern verfallen, weil sie mit den Jahren brüchig werden», erklärte er. Dabei war ich es, ich erinnere mich genau, der sie einst errichten ließ. Wenn sie also heute zerbröseln, heißt das, dass auch ich vor dem Zusammenbruch stehe. Dann werfe ich einen Blick auf die Platanen. Sie sind dürr und ohne Laub. Erneut beklage ich mich beim Verwalter, und auch jetzt schwört er mir, sie stets gepflegt und gewässert zu haben. «Sie tragen kein Laub, weil sie alt sind», erklärt er. «Aber ich habe sie doch selbst gepflanzt», halte ich ihm entgegen, «mit meinen eigenen Händen ..., unmöglich können sie ...» Ich habe den Satz noch nicht beendet, da tritt mir ein Bauer entgegen, ein kleingewachsener alter Mann mit einem runzligen Gesicht, der sich zum Gehen auf einen Stock stützt. «Wer ist das denn?», frage ich den Verwalter. «Wo hast du den denn aufgelesen? Hast du Spaß daran, mich mit einem fremden Toten zusammenzubringen?» Worauf mich der «Tote» anlächelt und sagt: «Erkennst du mich denn nicht? Ich bin Felicius, der Sohn des früheren Verwalters Filositus. Als Kinder haben wir häufig zusammen gespielt, und du brachtest mir Tonfigürchen mit und nanntest mich deinen kleinen Liebling.» Wieder bin ich sprachlos. «Wie kann jener», frage ich mich, «mein kleiner Liebling gewesen sein und jetzt keine Zähne mehr im Mund haben?»*

*Je mehr ich mich also umschaue, desto klarer sehe ich, wie sich mein Alter in Dingen und Menschen widerspiegelt. Es ist tatsächlich, als schaue ich in einen Spiegel. Als mich darob schon die Verzweiflung überkommt, tröste ich mich mit dem Gedanken, dass das Alter auch seine guten Seiten hat. Wer dem Weine ergeben ist, weiß nur zu gut, dass der letzte Schluck, der zur Trunkenheit führt, auch der schmackhafteste ist. Jeder Lebensabschnitt hat seine Vorzüge, und das Alter hat doch für sich, dass es keine Bedürfnisse mehr kennt.*

*Ach, wie angenehm ist es doch, alle leidenschaftlichen Wünsche überwunden und hinter sich gelassen zu haben!*

*Nun könntest Du erwidern, von einem bestimmten Alter an stehe uns stets der Tod vor Augen. Aber auch die Jungen täten gut daran, den Tod nicht von sich wegzuschieben, da kein Mensch wissen kann, was das Schicksal für ihn bereithält.*

*Pacuvius, der so lange Jahre Syrien regierte, dass man ihm auch den Beinamen Syrius gab, hatte es sich zur Gewohnheit gemacht, nach jeder Orgie seinen eigenen Tod zu zelebrieren. Er ließ sich von der Tafel in sein Schlafgemach bringen, sank auf sein Lager nieder und lag dann reglos da, als sei er tatsächlich tot, während seine Lustknaben und -mägde die Totenklage anstimmten: «Ach, o weh, ach, o weh, er ist tot, er ist von uns gegangen.» Was Pacuvius aus schlechtem Gewissen tat, wollen wir aus gutem tun und jeden Abend fröhlich und heiter sagen: «Ich habe gelebt und den Lauf, den das Schicksal gegeben hat, vollendet.» Wenn die Götter uns nun noch einen weiteren Morgen zugestehen, wollen wir ihn frohgemut entgegen-*

*nehmen – allerdings nur, wenn er sich tatsächlich zu leben lohnt.*

*Wie es meine Art ist, möchte ich mit einem schönen Leitspruch diesen Brief schließen. «Schlimm ist es, in der Not zu leben, doch in der Not zu leben, dafür gibt es keine Notwendigkeit.» Diese Worte, wirst Du mir entgegenhalten, sind nicht von mir, sondern von Epikur. Und ich antworte Dir: Die schönsten Worte, wenn sie auch noch wahr sind, sind allgemeiner Besitz. Leb wohl.*

*Dein Lucius Annaeus*

(Seneca, Brief 12)

*Lieber Lucius Annaeus,*

*ich muss Dir gestehen, dass mich Deine Gedanken über das Alter etwas verwirrt haben. Anstatt uns etwas vorzumachen, sollten wir uns lieber eingestehen, wie die Dinge tatsächlich liegen. Wir können doch nicht verleugnen, dass junge Menschen durchweg schön und gesund sind, alte hingegen hässlich und krank. Darauf kommt es an. Alles andere zählt nicht, oder nur sehr, sehr wenig.*

*Dennoch habe auch ich trotz dieser pessimistischen Sicht auf das Leben den ein oder anderen Vorzug des Alters entdecken können. Vor allem ist dies der größere Respekt, den uns die Mitmenschen entgegenbringen. Schon seit einiger Zeit stelle ich fest, dass mich die Menschen auf der Straße wohlwollender anblicken. Ja, es kommt sogar vor, dass mir jemand «Vorsicht, Stufe» zuruft und mich gleich darauf helfend unterfasst. Aber das ist noch nicht alles. Wie Du weißt, habe ich schon immer gerne geschrieben. Nicht mit Deinem Talent, wohlgemerkt, aber das ein oder andere Gedichtlein habe auch ich verfasst. Und glaube mir, keinem meiner Werke kam je die Ehre zu, das Interesse anderer Literaten erregen zu können. Sei es, dass sie mich nicht als Dichter, sondern nur als Politiker sahen, sei es, dass sie im Grunde ihres Herzens eine Spur von Neid auf meinen Rang als Prokurator hegten, fest steht, dass sich niemals ein Kritiker lobend über mein Werk äußerte. Jetzt allerdings ernte ich die ersten zustimmenden Beurteilungen. Und das macht mir Sorge. Warum? Nun, ich bin überzeugt, dass sich manch ein Dichterkollege Folgendes sagte: «Ach, der arme Lucilius, ist der alt geworden! Nicht mehr lange, und Thanatos wird ihn zu sich in die Höhlen der Unterwelt holen. Machen wir ihm noch die kleine Freude und versichern ihm, dass seine Verse doch nicht so grauenhaft sind.» Und so wie Du Deines Alters an einfallenden Mauern gewahr wirst, wird mir meines durch das Lob bewusst, das ich plötzlich erfahre.*

*Zum Abschluss, mein lieber Lucius Annaeus, sei versichert, dass ich das Lob der Kritiker gut entbehren könnte, wenn ich dafür ein paar Jahre länger leben dürfte. Leb wohl.*

*Dein Lucilius*

## Der letzte Applaus

«Na ja, das Alter ist keine schöne Sache», seufzt Alessia. «Wenn ich's mir recht überlege, weiß ich nicht, ob ich mir die berühmten hundert Jahre wünschen soll. Besser man verabschiedet sich, wenn man noch einigermaßen beieinander ist.»

«Die Last des Alters, sagt Oscar Wilde, besteht nicht so sehr darin, alt zu werden, als darin, nicht mehr jung zu sein. Na, wie auch immer, Lucilius hat vollkommen Recht.»

«Womit?»

«Dass ältere Leute immer wohlwollender behandelt werden. Letzte Woche hat mir eine junge Frau im Bus ihren Platz angeboten: Ich hätte sie umbringen können! Je älter ich werde, desto respektvoller begegnen mir die Menschen. Vor einigen Jahren gab man im Circolo Italia in Neapel eine große Feier zu Ehren von Eduardo De Filippo. Am Ende der Veranstaltung bat eines der Clubmitglieder den greisen Autor, etwas aus seinen Werken vorzutragen. Der weigerte sich zunächst, stand dann aber doch schweren Herzens auf und trug vier Verse aus einem seiner Gedichte vor – nur vier Verse, mehr nicht. Ganz offensichtlich hatte er einfach keine Lust und wollte die Sache schnell hinter sich bringen. Er entledigte sich seiner Aufgabe ohne die geringste Spur von Engagement. Aber, du wirst es nicht glauben, man dankte ihm mit tosendem Applaus. Eine wahre Ovation. In den Augen aller Gäste las man klar und deutlich den Gedanken: Der arme Greis, wer weiß, ob wir ihn noch einmal hören werden.»

«Vielleicht sollte man auch mit jungen Künstlern wohlwollender umgehen.»

«Sicher, das sollte man wohl. Andererseits braucht es eben Zeit, bis man einen Autor richtig versteht. Wenn wir ein Werk zum ersten Mal lesen, sind wir doch so gut wie nie darauf vorbereitet. Wie sagte doch Flaiano ganz richtig: ‹Der Hauptfehler der Zeitgenossen besteht darin, Zeitgenossen zu sein.› Und dann spielt auch der Neid eine Rolle. Wie könnte ein Kritiker, der möglicherweise selbst literarische Ambitionen hat, das gerade erschienene Buch eines Kollegen objektiv beurteilen? Ganz zu schweigen, wenn es sich dabei noch um einen Bestsellerautor handelt! Es ist schon viel, wenn er es überhaupt liest! Ein englischer Kritiker hat ja mal in seinen Memoiren gestanden, kein Buch vor der entsprechenden Rezension gelesen zu haben – um sich nicht beinflussen zu lassen, wie er sagte. Schauspielernde Komiker haben es noch schwerer, denk nur an Totò, er ist das beste Beispiel dafür. Jetzt, seit er tot ist, gilt er plötzlich als Genie, zu seinen Lebzeiten wurde er vielfach ignoriert. Einmal sagte er, als er über Kritiker sprach, dass sich nur einer wirklich für ihn interessierte. ‹Er heißt ‚Vice'›[1], erklärte er, ‹und verliert mich nie aus den Augen.›»

«Gab es eigentlich damals, zu Senecas Zeiten, auch schon Kritiker?»

«Selbstverständlich gab es die, nur war das noch kein richtiger Beruf. Es handelte sich um Männer aus der Welt der Kultur, die ihre mehr oder weniger giftigen Urteile zu den Arbeiten der Kollegen abgaben. Nicht zufällig ist das berühmte Sprichwort *Nemo propheta in patria*, ‹Der Prophet gilt nichts im eigenen Land›, römischen Ursprungs. Auch schon im antiken Rom reichte es, die hiesige Welt zu verlassen, um gleich darauf mit Beifall von allen Seiten eingedeckt zu werden.»

«Und wie sieht es mit dir und deinen Kritikern aus?»

«Ich brenne darauf zu sterben.»

[1] Mit «Vice» (Stellvertreter) unterschreiben in der italien. Presse jene Kritiker ihre Artikel, die sich noch keinen eigenen Namen gemacht haben. (A. d. Ü.)

# ÜBER DIE RICHTER

*Lieber Lucilius,*

*Du irrst, wenn Du annimmst, Unredlichkeit, Genusssucht und die Vernachlässigung der guten Sitten seien charakteristisch für unsere Zeit. Es liegt nicht an der Zeit, es liegt an den Menschen. Keine Epoche ist frei von Schuld. Selbst in der viel besungenen Epoche Catos wurde reichlich gesündigt. Geld war mit im Spiel bei dem Prozess, in dem Clodius wegen des Ehebruchs angeklagt war, den er mit Caesars Gattin begangen hatte. Und nicht nur Geld hat man den Richtern gegeben, man hat ihnen als Zugabe Unzucht mit Frauen und vornehmen jungen Männern angeboten. Sobald Clodius gemerkt hatte, mit was für Menschen er es zu tun hatte, legte er die Rolle des Angeklagten ab, um die ihm so vertraute des Kupplers zu übernehmen. Das alles hat sich in einem Prozess zugetragen, in dem kein Geringerer als Cato selbst als Zeuge auftrat. Ciceros eigene Worte will ich anführen, weil der Sachverhalt so unglaublich ist: «Der Angeklagte rief die Richter zu sich und gewann sie durch zahlreiche Versprechungen. Nicht nur für bestimmte Geldsummen verbürgte er sich. Nein, der Schändliche bestach seine Richter auch mit Liebesnächten mit Frauen und vornehmen jungen Männern ihrer Wahl. ‹Willst du die Frau jenes strengen Mannes?›, sagte er. ‹Ich werde sie dir zuführen. Willst du lieber die des Reichen? Auch seine Frau werde ich dir für das Beilager herschaffen. Jene Schöne, nach der du dich sehnst, wird kommen; du wirst nicht lange auf sie warten: Noch vor der Vertagung des Urteils wird sich die Glaubwürdigkeit meines Versprechens bestätigen.› Ein Richter besaß sogar die Dreistigkeit, Clodius um eine Leibwache zu bitten. ‹Wahrscheinlich brauchst du sie›, bemerkte Cato dazu, ‹um dein Bestechungsgeld vor Dieben zu schützen.›»*

*All dies geschah nun zur Zeit Catos, in einer Zeit also, in der es dem Volk nicht gestattet war, an Festtagen zur Kurzweil die Entblößung von Dirnen zu fordern, und man auf den Fresken im Senat die Geschlechtsteile der männlichen Tiere mit Schleiern verhüllte. Offenbar waren die Menschen zu jener Zeit als Zuschauer empfindlicher denn als Ehegatten. Zum Trost bleibt uns nichts anderes übrig, als uns die Worte Epikurs in Erinnerung zu rufen, der gesagt hat: «Es kann dem Verbrecher gelingen, verborgen zu bleiben, Gewähr, verborgen zu bleiben, hat er jedoch nie. So lebt er immerhin in ständiger Sorge!» Leb wohl.*

*Dein Lucius Annaeus*

(SENECA, BRIEF 97)

*Lieber Lucius Annaeus,*

*Du beklagst Dich über die Richter in Rom und beschreibst mir die dortigen Gerichte als Banditennester, wo der Gerechte vom Ungerechten nicht zu unterscheiden ist, aber sei versichert, hier auf Sizilien ist die Situation eher schlimmer. Hier sitzen Richter im Kerker, von Richtern verurteilt, die selbst wieder in Verdacht stehen, Straftaten begangen zu haben. Zwei Richter aus Agrigent, beide von roter Haarfarbe, haben den ganzen Tag nichts Besseres zu tun, als sich gegenseitig mit Schmähungen zu überschütten. Und das nur, weil sie im Rausch des hohen Amtes, das man ihnen übertragen hat, jegliches Maß verloren haben. Wahrscheinlich verleiht der Akt des Richtens demjenigen, der ihn ausführt, eine zu große Machtfülle, die vielleicht nur mit der eines Konsuls der Republik vergleichbar ist.*

*So missbrauchen unsere Richter zum Beispiel häufig ihre Macht und kerkern Verdächtige noch vor dem Urteil ein in der Hoffnung, diese werden dann von sich aus ihre kriminellen Taten gestehen. Wie ich hörte, zog es manch ein Unschuldiger schon vor, sich das Leben zu nehmen, um nicht den Rest des Lebens in Ketten verbringen zu müssen. Schließlich gibt es auch den Brauch, Straftäter mit dem Versprechen von Hafterleichterungen dazu zu bringen, alles zu bezeugen, was man von ihnen verlangt. «Reuige» werden sie genannt. Aber was bereuen sie, frage ich mich, da sie doch nur den schon verübten Verbrechen das der Falschaussage zum eigenen Vorteil hinzufügen?*

*Unglaubwürdig erscheint mir heute, was mir mein Vater, als ich ein kleiner Junge war, von Themis, der Göttin der Gerechtigkeit, erzählte. Sie mache, so sagte er, wenn sie festlege, wer Recht und wer Unrecht habe, keinen Unterschied zwischen dem Göttervater Jupiter und dem einfachsten Sterblichen. Aber so, wie sich die Lage an den Gerichten heute darstellt, können wir uns nur wünschen, niemals unter das Fallbeil des Gesetzes zu geraten. Sonst müssen wir damit rechnen, dass Dein Lucius Domitius Nero, vielleicht auch nur, weil ihm seine aktuelle Geliebte nicht in allem zu Willen war, beschließt, unserem Leben ein Ende zu setzen. Leb wohl.*

*Dein Lucilius*

# Aldino

«Diese Briefe könnten wirklich heute geschrieben sein», bemerkt Alessia.

«Da hast du Recht. Es ist alles erwähnt, was uns auch heutzutage in Italien Probleme macht: Bestechung, Konkurrenzkämpfe zwischen Richtern, zu lange Untersuchungshaft und sogar die oft zweifelhaften Geständnisse der *pentiti*[1]. Alles wie gehabt ...»

«Einverstanden, einverstanden», unterbricht mich Alessia, «aber eigentlich wollte ich mit dir über etwas anderes reden.»

«Und das wäre?», frage ich zurück, keineswegs überrascht, denn schon beim Hinsetzen in der Snack Bar habe ich gemerkt, dass Alessia etwas Dringendes auf dem Herzen hat.

«Weißt du noch, wie ich dir von dem Typen erzählt habe, der unbedingt mit mir nach Paris fahren wollte, obwohl wir uns kaum eine Stunde kannten?»

«Der mit den blauen Augen?»

«Ja, Aldino.»

«Was ist mit ihm?»

«Ich habe ihn gestern Abend bei einer Party wieder getroffen. Und jetzt drängt er mich, mit ihm auszugehen.»

«Na ja, immerhin eine Nummer kleiner als eine Reise nach Paris. Was hast du ihm gesagt? Willst du dich drauf einlassen?»

«Ich weiß nicht», antwortet Alessia ziemlich ausweichend,

[1] Aussteiger, meist aus Kreisen der Mafia oder des Terrorismus, die als Kronzeugen vor Gericht auftreten. (A. d. Ü.)

«irgendwie interessiert er mich. Nur wäre es wohl nicht anständig Enrico gegenüber.»

«Und jetzt?»

«Tja, ich habe vor, ihn zu fragen.»

«Wen, Enrico?»

«Ja, warum nicht. Es wird ihn schon nicht umhauen. Schließlich handelt es sich bloß um ein Abendessen.»

«Da irrst du aber gewaltig. Das ist viel mehr als ein Abendessen. Hier geht's um eine Lebensentscheidung: entweder Enrico oder Aldino.»

Alessia ist verwirrt und antwortet nicht. Offensichtlich liegt ihr viel an ihrem Verlobten Enrico, aber sie betrachtet ihn nicht als den Mann ihres Lebens. Sie würde sich wohl am liebsten einen Ehemann zusammenbasteln, so in der Art von Frankensteins Monster, ein bisschen von Enrico, ein bisschen von Aldino!

«Erzähl mir mehr über Aldino! Was für ein Mensch ist er? Welche Vorzüge, welche Mängel hat er? Und dann entscheiden wir gemeinsam, was zu tun ist.»

«Na ja, er sieht ziemlich gut aus. Nur leider ist er auch ziemlich ignorant. Ich bin mir sicher, wenn ich ihn nach seiner Meinung zu Seneca fragte, würde er mir antworten: ‹Wer ist das? Muss ich die Frau kennen?›»

«Tja, wenn die Dinge so liegen, ist es mit seiner Bildung wirklich nicht weit her. Aber mal abgesehen von Seneca, was macht er denn beruflich?»

«Er ist Animateur in einem Ferienclub. Er ist genauso alt wie Enrico, aber wenn man ihn so reden hört, könnte man glauben, er sei zehn Jahre jünger. Außerdem lacht er die ganze Zeit. Fast zu viel für meinen Geschmack.»

«Und wen von den beiden magst du lieber: Enrico oder ihn?»

«Selbstverständlich Enrico.»

«Aber mit Aldino hast du mehr Spaß. Er bringt dich zum Lachen.»

«Das nicht unbedingt. Er macht mich einfach neugierig.»

«Dann kann ich dir nur einen Rat geben. Du musst deine Neugier befriedigen.»

«Und wie?»

«Geh mit ihm ins Bett. Aber nur einmal, höchstens zweimal. Und danach kehrst du zu Enrico zurück.»

«Du spinnst wohl. Völlig ausgeschlossen.»

«Denk noch mal drüber nach. Es gibt keinen anderen Weg, um zu Enrico zurückzufinden. Und weißt du, was ich glaube? Früher oder später werden wir einen Brief von Seneca oder Lucilius entdecken, in dem man dir genau das rät.»

# ÜBER FREUNDSCHAFT, LIEBE UND ZUNEIGUNG

*Lieber Lucilius,*

*Du schreibst mir, Du habest einen Freund gebeten, Deine Briefe an mich zu überbringen, und ermahnst mich gleichzeitig, nicht alles, was Dich betrifft, mit ihm zu besprechen. So hast Du ihm nun in demselben Brief den Namen Freund gegeben* und *wieder genommen. Vielleicht hast Du den Begriff Freund in einem allgemeineren Sinne gebraucht und ihn einen «Freund» genannt, so wie wir alle Amtsbewerber «ehrenhafte Männer» nennen oder wie wir Menschen, deren Name uns nicht einfällt, mit «Herr» begrüßen. Wisse aber, o Lucilius, nennst Du einen Mann Deinen Freund, so musst Du das gleiche Maß an Vertrauen zu ihm haben wie zu Dir selbst, sonst irrst Du gewaltig und kennst nicht die Kraft wahrer Freundschaft. Sicher, Du musst denjenigen genau prüfen, bevor Du ihn zu Deinem Freund machst. Aber nachdem eine Freundschaft geschlossen ist, muss man vertrauen, urteilen muss man vorher. Denn wozu hast Du einen Freund? Um ihm Deine tiefsten Geheimnisse anzuvertrauen. Und wenn Du an seine Treue glaubst, wirst Du feststellen, dass er Dir gerade darum treu ist. Es verhält sich so ähnlich wie in der Ehe: Glaubst Du, Deine Gattin betrüge Dich, wird sie Dich eines Tages tatsächlich betrügen. Dein Verdacht wird sie dazu anstacheln.*

*Gewiss ist es Deine Entscheidung, ob Du einem Freund*

*vertrauen willst oder nicht. Aber bedenke, dass es sehr viel erholsamer ist, ihm zu vertrauen; wie unbequem ist es doch, mit einem ständigen Verdacht zu leben. Dazu noch etwas, was ich bei Pomponius gefunden habe: «Manche haben sich so tief in Verstecke geflüchtet, dass sie meinen, im Trüben sei, was im Lichte ist.» Leb wohl.*

*Dein Lucius Annaeus*

(Seneca, Brief 3)

*Lieber Lucius Annaeus,*

*in Deinem letzten Brief schreibst Du mir, einen Freund betreffend, ich müsse diesem dasselbe Vertrauen schenken, das ich in mich selbst habe. Aber genau dies ist mein Problem: Ich habe keinerlei Vertrauen in mich selbst. Häufig ändere ich meine Meinung, ich kann kein Geheimnis wahren, und zuweilen gebe ich, aus reiner Faulheit, schließlich sogar jenem Recht, der meiner Ansicht nach eigentlich vollkommen Unrecht hat.*

*Fragtest Du mich, was wahre Freundschaft bedeutet, so würde ich Dir antworten, sie bestehe vor allem darin, einem anderen Menschen von Herzen zugetan zu sein. Nun kannst Du aber nicht abstreiten, dass man einem Menschen in Liebe zugetan sein kann, ohne ihn zu achten. Ja, in meinem Fall verhält es sich vielmehr so, dass ich in meinem Leben immer wieder Menschen geliebt habe, die es keineswegs verdienten. Und damit meine ich, wie Dir nicht entgangen sein wird, all jene Frauen, die mich in meiner Jugend leiden ließen. Das Problem, mein lieber Lucius Annaeus, ist ja, dass wir, so wie wir des Nachts eine Frau brauchen, des Tags nicht ohne einen Freund aus-*

*kommen. Leider finden wir unter den Menschen, die uns umgeben, nicht immer den Richtigen, so dass wir uns mit jenem zufrieden geben müssen, der uns, zumindest auf den ersten Blick, nicht verkehrt scheint. Es reicht, dass er uns aufmerksam zuhört, nicht hinter unserem Rücken schlecht über uns redet und in schwierigen Zeiten an unserer Seite ist. Du möchtest, dass ich jenen nicht «Freund» nenne. Einverstanden, ich will Deinen Wunsch erfüllen. Dennoch werde ich ihn weiterhin jeden Tag aufsuchen, weil ich ohne ihn nicht sein kann. Mögen die Götter mir beistehen. Leb wohl.*

*Dein Lucilius*

*Lieber Lucilius,*

*wenn ich Dich so sehr bitte, Du mögest Dich der Philosophie widmen, spreche ich in gewissem Sinne in eigener Sache. Einen Freund will ich in Dir haben, und das gelingt nur, wenn Du Dich in jenen philosophischen Themen weiterbildest, die ich Dir seinerzeit angegeben habe. Denn heute, so glaube mir, liebst Du mich nur, bist aber noch nicht mein Freund. Ich kann mir vorstellen, wie sich bei diesen Worten Widerspruch in Dir regt. «Wie das?», wirst Du denken. «Ist die Liebe nicht ein Gefühl, das weit tiefer geht als bloße Freundschaft?» Um dann sogar noch, schlimmstenfalls, hinzuzufügen: «Und der Wert von Liebe und Freundschaft ist zumindest gleich einzuschätzen.» «Nein, das ist er nicht», antworte ich Dir, «wer ein Freund ist, liebt, aber wer liebt, ist nicht unbedingt ein Freund. Freundschaft ist stets nützlich, Liebe kann häufig genug auch schaden.»*

*Daher sage ich Dir, o Lucilius, mache Fortschritte in der Philosophie. Beeile Dich, komme voran in Deinem Bemühen, das zuerst Dir und mir, dann aber auch anderen Menschen zugute kommen wird. Ich freilich empfange bereits die Frucht, wenn ich mir vorstelle, wie wir eines Sinnes sein werden. Was immer meinem Alter an Spannkraft verloren gegangen ist, wird mir aus dem Deinen zurückkommen, obwohl unser Altersunterschied eigentlich nicht groß ist.*

*Freude kommt von denen, die wir lieben, auch in ihrer Abwesenheit zu uns. Dennoch reicht nichts an die Gegenwart heran, an den Anblick des Freundes, den Umgang mit ihm und den Genuss einer gelehrten Unterhaltung. Daher bitte ich Dich: Mache mir dieses großartige Geschenk – schenke mir Deine Anwesenheit. Eile zu mir nach Rom. Zuvor aber gehe in Dich und versuche herauszufinden, ob Du in der Zeit unserer Trennung tatsächlich Fortschritte gemacht hast und ob Du Dir treu geblieben bist. Achte darauf, ob Du heute dasselbe willst wie gestern: Eine Willensänderung zeigt an, dass der Geist sich treiben lässt, dass er bald hier, bald dort erscheint, wie gerade der Wind weht. Nicht irrt umher, was festgemacht und gut verankert ist: Dies trifft auf den vollkommenen Weisen zu, bis zu einem gewissen Grad auch auf den Fortgeschrittenen und den Vorangekommenen. Worin liegt also der Unterschied? Der noch Lernende wird zwar erschüttert, geht aber nicht in die Irre, sondern wankt an Ort und Stelle; der Weise aber lässt sich nicht einmal erschüttern. Leb wohl.*

*Dein Lucius Annaeus*

(Seneca, Brief 35)

*Lieber Lucius Annaeus,*

*in Deinem letzten Brief hast Du mich vor der Liebe gewarnt. Praktisch so, als hättest Du zu mir gesagt: «Sei auf der Hut, o Lucilius, nimm dich in Acht vor allzu heftigen Gefühlen: Zunächst scheinen sie der Freundschaft ähnlich, um sich dann aber, völlig unerwartet, so plötzlich zu verflüchtigen, wie sie gekommen sind. Und nun leidest du entweder, weil dich der geliebte Mensch verlassen hat, oder du langweilst dich und zermarterst dir das Hirn, wie du dich von einer Geliebten befreien sollst, für die du keinerlei Hingabe mehr empfindest.» Und diesbezüglich freue ich mich, Dir versichern zu können, wie sehr ich Deine Meinung teile: Die Liebe ist weitaus gefährlicher als die Freundschaft, in erster Linie, weil sie eine Quelle des Leidens für zumindest einen der beiden Liebenden ist. In den ersten Tagen macht ihn die Leidenschaft blind, raubt ihm den Appetit und den Schlaf. Doch in den Jahren danach erlangt er seine Sehkraft zurück, und das Zusammenleben mit dem einst so innig geliebten Menschen wird zunehmend schwierig. Auf diese Weise verdorrt aber nicht nur die Liebe, sondern auch die Zuneigung, ohne die wir nicht leben können. Welch ein Unterschied zur Freundschaft! Kein verzehrendes Feuer ist sie, sondern eher eine Flamme, die wir kaum bemerken, die uns aber an den langen Winterabenden wärmt, wenn die Kälte der Einsamkeit ihre Krallen auf uns legt. Hast Du nicht auch schon festgestellt, dass Liebe mit der Zeit immer mehr verblasst, eine Freundschaft aber beständig wächst? Ein weiterer gravierender Unterschied ist das vollständige Fehlen von Eifersucht. Ist eine liebende Frau auf jedwede andere Frau eifersüchtig, so kennen wir in der wahren Freundschaft keine Eifersucht auf einen Freund des Freundes. Im*

*Gegenteil werden wir, eben durch den gemeinsamen Freund, leicht auch zu dessen Freund werden.*

*Nun bleibt mir nur noch, Dir und mir so wenige Geliebte wie möglich, dafür aber eine Unzahl Freunde zu wünschen. Leb wohl.*

*Dein Lucilius*

*Lieber Lucilius,*

*in einem Brief tadelt Epikur Stilpo mit harschen Worten, weil dieser behauptet hatte, der Weise sei sich als Anhänger der* apátheia *selbst genug und brauche daher keine Freunde. Nun wirst Du mich fragen, wer von den beiden Recht hat. Zunächst wäre wohl zu klären, was* apátheia *nun genau bedeutet. Verstehen wir darunter die «Loslösung von den Leidenschaften» oder «Schmerzunempfindlichkeit»? Sehr verschiedene Dinge sind das. Denn sich nicht von Gefühlen hinreißen zu lassen, ist etwas vollkommen anderes, als nicht den geringsten Schmerz zu empfinden. Der Weise aber empfindet zwar den Schmerz über den Verlust eines Freundes, kann ihn aber mit der Kraft seiner Seele überwinden.*

*Führen wir uns doch ein paar praktische Beispiele vor Augen: Verliert der Weise eine Hand, durch eine Krankheit oder einen Feind, oder schlägt ihm ein Unglück ein Auge oder beide Augen aus, so wird ihm der Rest seiner Gesundheit genügen, um trotz seiner Verstümmelung so heiter zu sein wie zuvor. Derart ist der Weise mit sich zufrieden, dass er zwar nicht ohne Freund sein will, es aber kann. Darüber hinaus ist es ihm als Philosophen auch eher gegeben, nach dem Verlust eines Freundes neue*

*Freunde zu gewinnen. Du fragst, wie er sich einen Freund rasch verschaffen kann? Nun höre, was Hekaton dazu sagt: «Willst du geliebt werden, so beginne du selbst, deine Mitmenschen zu lieben.» Banal erscheint Dir dieser Rat? So wisse, dass er wirksammer ist als jeder Liebestrank. Und auch die Suche nach einer neuen Freundschaft hat ihren Reiz. Der Philosoph Attalos pflegte zu sagen: «Reizvoller ist es, einen Freund zu gewinnen, als zu haben, wie es für einen Maler reizvoller ist zu malen, als gemalt zu haben.» Gleichzeitig ist der Weise weniger gefährdet, durch den Verlust eines geliebten Menschen in Verzweiflung zu geraten. Als Stilpo, gegen den sich Epikur wendet, aus seiner brennenden Vaterstadt fliehen musste und man ihn fragte, was er alles verloren habe, sagte er nicht: meine Gattin, meine Kinder, meine Freunde, sondern antwortete nur:* «Omnia mea mecum porto.» *All mein Gut habe ich bei mir. Und damit meinte er die Gerechtigkeit, die sittliche Vollkommenheit, die Klugheit und all die anderen Tugenden der Seele. Leb wohl.*

*Dein Lucius Annaeus*

(Seneca, Brief 9)

*Lieber Lucius Annaeus,*

*ich muss Dir gestehen, dass Stilpo, den Du zitierst, meinen Abscheu erregt: Wie kann man nur Werte wie Gerechtigkeit, Ehrlichkeit oder Klugheit seiner Gattin, Kindern und Freunden vorziehen? Nicht, dass ich die Tugenden der Seele gering schätzte, doch glaube mir, all diese Tugenden zusammengenommen sind nicht den hundertsten Teil der*

*Liebe wert, die uns mit anderen Menschen verbindet! Vor allem die Freundschaft sollte man nicht dermaßen unterschätzen. Ertragen könnte ich eine unzulängliche Gerechtigkeit, eine nicht ganz ungetrübte Wahrheit oder eine zuweilen unbesonnene Klugheit, aber auf wahre Freundschaft könnte ich niemals verzichten. Ja, sogar ohne die Zuneigung einer Frau zu leben wäre mir wohl möglich, nicht aber ohne die eines Freundes. Für einen Freund würde ich alles tun, auch stehlen, hinge von meinem Diebstahl sein Überleben ab. Aber das ist noch nicht alles: Ich schäme mich nicht einzugestehen, dass ich ohne den Trost eines Freundes nicht auskommen könnte. Für mich hat Freundschaft eine ebenso große Bedeutung wie Trinkwasser für einen Schiffbrüchigen. Und glaube mir, keine Frau, so schön sie auch sein mag, kann für mich dem Vergleich mit einem wahren Freund standhalten. Überhaupt spielt ja Schönheit, ebenso wie Reichtum, in einer Freundschaft eine untergeordnete Rolle. Durchaus können wir der Freund eines sehr hässlichen oder auch sehr armen Mannes sein. In der Liebe jedoch sieht es häufig anders aus: Da sucht er die Schönheit, sie aber das Geld.*

*Noch einmal sei es gesagt: Keineswegs möchte ich die Bedeutung von Gerechtigkeit, Wahrheit, Klugheit und all jener Tugenden unterschätzen, die zu besitzen sich Dein Stilpo rühmt, wenn er sein* «omnia mea mecum porto» *hinausposaunt. Doch dienen sie, so frage ich Dich, letztlich nicht vor allem dazu, alle Menschen auf Erden zu Freunden zu machen? Also: Sehen wir der Realität ins Auge und setzen an erste Stelle unserer Wünsche die wahre Freundschaft. Leb wohl.*

*Dein Lucilius*

# Die Freundin Alessia

«Jetzt müssten wir eigentlich wissen, was wahre Freundschaft ist», meint Alessia, nachdem wir die drei Briefe Senecas mit den entsprechenden Antworten von Lucilius gelesen haben.

«Eigentlich schon. Spielen wir die Sache doch mal konkret durch», antworte ich. «Wir beide zum Beispiel, du und ich, sind wir richtige Freunde?»

«Ich denke, wir sind dabei, es zu werden.»

«Meiner Ansicht nach sind wir es bereits, und das haben wir nur meinem Keller zu verdanken.»

«Da bin ich mir wirklich nicht so sicher», antwortet Alessia, nachdem sie einige Sekunden darüber nachgedacht hat. «Freundschaft braucht Zeit, und je langsamer sie sich entwickelt, desto belastbarer wird sie auch. Gerade die Dauer unterscheidet sie ja von der Liebe. Verlieben kann man sich, wie auch Lucilius erklärt, von einem Moment auf den anderen. Aber genauso rasch kann das Gefühl auch wieder verschwinden. Ideal wäre es, Liebe und Freundschaft verschmelzen zu lassen, in ein und derselben Person.»

«Sehr schön. Du redest schon genau wie Seneca! Trotzdem würde ich dir dazu gerne eine persönliche Frage stellen: Bist du dir tatsächlich sicher, dass du in Enrico verliebt bist? Oder bist du nicht eher mit ihm befreundet?»

Alessia lässt sich mit der Antwort Zeit. Offensichtlich habe ich da ein Problem angesprochen, das sie schon seit längerem bewegt.

«Vielleicht», lasse ich nicht locker, «empfindest du für ihn nur ein wenig Zuneigung und sehr viel Achtung …»

«Ich frage mich», murmelt Alessia, «welches der beiden

Gefühle in einer Beziehung höher zu bewerten ist …, die Liebe oder die Achtung …»

«Die Liebe, wenn es sich um einen kurzen Zeitraum handelt, die Achtung, wenn wir vom ganzen Leben reden. Nehmen wir ruhig auch noch den mehr als verständlichen Wunsch von Seiten der Frau hinzu, einen Ernährer für sich und ihre Kinder zu finden, und wir haben alle Zutaten für den Cocktail, den man Liebe nennt, zusammen.»

Alessia blickt mich entrüstet an: «Unglaublich, du schlägst dich immer mehr auf Lucilius' Seite.»

«Wieso?»

«Na, er sagt doch: ‹So wie wir des Nachts eine Frau brauchen, können wir des Tags nicht ohne einen Freund auskommen.› Und außerdem schreibt er, dass Männer in einer Frau Schönheit suchen, Frauen hingegen beim Mann nur aufs Geld aus sind. Und du denkst genauso. Ihr seid widerwärtige Machos, alle beide!»

# ÜBER DEN WAHREN REICHTUM

*Lieber Lucilius,*

*ich kann jenen keinen Glauben schenken, die sich als zu beschäftigt erklären, um sich geistiger Arbeit widmen zu können. Meist handelt es sich dabei um Menschen, die Verpflichtungen vorgeben, um nicht eingestehen zu müssen, dass sie faul sind. Oder sie übertreiben ihre Verpflichtungen und stehlen sich auf diese Weise selbst die Zeit. Ich habe Zeit, und wo immer ich bin, ich bin ich selbst. Auch wenn ich mich Freunden widme, werde ich mir deshalb nicht untreu. Ja, meine tiefsten Gedanken teile ich mit ihnen und gewinne so Klarheit über manch nützliche Wahrheit. Bin ich durch gesellschaftliche Verpflichtungen dazu gezwungen, mich mit irgendjemandem zu unterhalten, suche ich mir nicht etwa jene aus, die meiner Karriere förderlich sein könnten, sondern immer nur die Besten. Ich suche die Nähe zu meinem Freund Demetrius und lasse die Politiker in Purpur beiseite. Wie bewundere ich diesen in Lumpen gewandeten Mann! Kein Wunsch trübt seine Seele, keine materiellen Güter können ihn reizen. Offensichtlich hat dieser Mensch das Geheimnis wahren Reichtums entdeckt: Am kürzesten geht der Weg zum Reichtum durch die Verachtung des Reichtums. Unser Demetrius aber lebt nicht so, als ob er alles gering schätze, sondern als ob er es anderen zum Besitz überlasse. Leb wohl.*

*Dein Lucius Annaeus*

(Seneca, Brief 62)

*Lieber Lucius Annaeus,*

*Dein Freund Demetrius erinnert mich doch sehr an Diogenes. Eines Tages war der alte Mann damit beschäftigt, an einem Brunnen einen Korb mit Gemüse zu waschen, als der Philosoph Aristippos zu ihm trat. Nun war ja das Verhältnis zwischen den beiden recht angespannt, und so verspürte der sich weltmännisch gebende Aristippos auch sogleich den Drang, den mit einer solch niederen Arbeit beschäftigten Kollegen zu kritisieren.*

*«O Diogenes», sprach er ihn an, «lerntest du endlich, dich mit den Reichen zu unterhalten, wärest du nicht gezwungen, Gemüse zu essen!»*

*Und Diogenes entgegnete: «Und lerntest du endlich, Gemüse zu essen, wärest du nicht gezwungen, dich mit den Reichen zu unterhalten!»*

*Und nun frage ich mich und auch Dich: Wer von den beiden hatte Recht? Der zerlumpte Diogenes oder der Genießer Aristippos? Was ist moralischer: freiwillig in vollkommener Armut zu leben oder darum zu kämpfen, zu Wohlstand zu gelangen, und dann auch die Gemeinschaft, der man angehört, am Reichtum teilhaben zu lassen? Mit diesem Dilemma sage ich Dir, lieber Freund, leb wohl.*

*Dein Lucilius*

# Der heilige Alessio

«Heute ist der siebzehnte Juli, mein Namenstag», teilt mir Alessia mit, «das Fest des heiligen Alessio.»

«Das müssen wir feiern. Ich schlage vor, wir schenken uns heute unser Glas Bier und machen lieber eine Flasche Sekt auf.»

«Sekt am Mittag?»

«Warum nicht? Es sei denn, wir träfen uns heute Abend noch mal.»

Und so kam es, dass Alessia und ich zum ersten Mal zusammen ausgingen. Zu einem Candle-Light-Dinner im *Orodinapoli*, einem kleinen Restaurant im Prati-Viertel. Natürlich ohne dem Papyrologen ein Sterbenswörtchen davon zu sagen. Zum Ausgleich sprachen wir dafür sehr viel über ihn.

«Sieh mal, Alessia, manche Männer taugen eben zum Ehemann, anderen entspricht es eher, allein zu leben. Wie mir zum Beispiel. Ich könnte mir vorstellen, dass auch dein Enrico als Single besser zurechtkommt als in einer Ehe. Natürlich kenne ich ihn zu wenig, aber er kommt mir immer wie ein halber Einsiedler vor, na ja, wie so eine Art Sankt Alessio, der Heilige, dessen Fest wir heute feiern.»

«Ich weiß gar nichts über den heiligen Alessio. Was war das für ein Mensch?»

«Ein bemerkenswerter Mann, Spross einer reichen, angesehenen Familie. In jungen Jahren heiratete er, verschwand dann aber von einer Minute auf die andere, kaum dass er seiner Braut das Ja-Wort gegeben hatte. Er zog nach Kleinasien und lebte dort als Bettler. Und alles, was er den Tag über erbettelte, verteilte er nachts an andere Arme. Achtzehn lange Jahre verbrachte er in der Fremde. Dann, eines Tages, entschloss er sich, zu seiner Frau zurückzukehren. Da er sich jedoch in der langen Zeit sehr verändert hatte – er trug nun einen langen Bart und war bis auf die Knochen abgemagert –, erkannte sie ihn nicht. Dennoch nahm sie ihn sehr großzügig bei sich auf und fütterte ihn weitere siebzehn Jahre durch. Für sie war er einfach ein frommer Pilger, der zufällig in ihr Haus gefunden hatte. Und die ganze Zeit über gab sich ihr der Heilige nicht zu erkennen: Er aß nur, trank, schlief und betete zum Herrn. Erst auf seinem Totenlager gestand er ihr, wer er wirklich war.»

«Und was hat seine Frau gesagt?»

«Nichts, gar nichts. Was hätte sie auch sagen sollen? Sie kniete nur zu seinen Füßen nieder, denn sie spürte, dass er wirklich ein heiliger Mann war.»

«Ein komischer Heiliger», protestiert Alessia empört. «Eher schon hat sich seine Frau wie eine Heilige verhalten. Ich an ihrer Stelle hätte ihn mit Fußtritten aus dem Haus gejagt, egal ob er nun im Sterben lag oder nicht.»

«Nun ja … Aber die Vita des heiligen Alessio passt doch gut zu dem Thema, das Seneca und Lucilius in ihren Briefen diskutieren: die Enthaltsamkeit. Ist es moralischer, fragt sich Lucilius, in vollkommener Armut zu leben oder sich einen Wohlstand zu erarbeiten, der einen selbst finanziell unabhängig macht und mit dem man gleichzeitig zum Wohlergehen der ganzen Gemeinschaft beiträgt?»

«Ich denke, jeder soll es so halten, wie er mag: Wer gerne in Armut lebt, soll es doch tun. Wichtig ist nur, dass er seinen Mitmenschen damit nicht auf die Nerven geht, so wie heutzutage die Fensterputzer an den großen Straßenkreuzungen.»

# ÜBER DIE ARMUT

*Lieber Lucilius,*

*wir schreiben Dezember, den Monat, in dem in Rom mehr Feste als sonst irgendwann im Jahr gefeiert werden und die Ausschweifung unangefochten herrscht. Von lärmenden Vorbereitungen tönt jeder Winkel der Stadt wider, und wohin wir den Blick auch wenden, sehen wir Sklaven, die riesige Mengen an Nahrungsmitteln und Weinfässern herbeischaffen. Und nun stellt sich für mich die Frage: Wie sollen wir Männer des Geistes uns verhalten? Haben wir uns diesem unsittlichen Treiben zu widersetzen, jede Einladung auszuschlagen? Sollen wir uns in unsere würdevolle Einsamkeit zurückziehen oder uns der Menge anschließen, um uns nicht dem Vorwurf auszusetzen, außerhalb der Gesellschaft zu stehen? So wie ich Dich einschätze, o Lucilius, würdest du eine vermittelnde Haltung einnehmen: das heißt, weder jene der ausgelassenen Massen noch jene des distanzierten Intellektuellen. Ich denke jedoch, gerade weil sich alle Welt gehen lässt, sollten wir von unserer Seele eine strengere Haltung verlangen. Ich bin davon überzeugt, dass es uns möglich ist, inmitten einer betrunkenen und sich übergebenden Menge nüchtern zu bleiben. Es verlangt allerdings Selbstbeherrschung, sich nicht auszuschließen und aufzufallen und bei allem mitzumachen, aber eben auf andere Weise. Man kann ein Fest auch ohne Ausschweifung feiern!*

*Aber ich finde solches Vergnügen daran, die Festigkeit Deines Charakters auf die Probe zu stellen, dass ich nach dem Vorbild der Weisen auch Dir nahe bringen möchte: Lege einige Tage ein, an denen Du Dich mit der kärglichsten Speise und dem gröbsten und rauesten Gewand zufrieden gibst, und versuche wie die Armen zu leben. Gerade während sorgenfreier Tage bereite man sich für schwere vor und rüste sich gegen die Unbilden des Schicksals. Auch der Soldat hält mitten im Frieden Manöver, baut Schanzen ohne einen Feind und rackert sich mit überflüssiger Arbeit ab, um den kommenden Mühen gewachsen zu sein. Und glaube danach nicht, nun eine Heldentat vollbracht zu haben. Tausende und abertausende von Sklaven leben tagtäglich unter solchen Verhältnissen und beklagen sich doch nicht über die Maßen darüber. Nur darin erblicke etwas Besonderes, dass Du nicht aus Zwang so handelst und dass es Dir leicht fallen wird, Armut zu ertragen, wenn sich Dein Schicksal einmal wendet.*

*Epikur, jener Prediger des guten Lebens, hatte bestimmte Tage, an denen er seinen Hunger nur dürftig stillte, um zu sehen, ob und wie viel ihm dabei zum absoluten Wohlbefinden fehle und ob es sich lohne, das Fehlende mit großer Mühe zu ergänzen. So rühmte er sich: «Um satt zu werden, brauche ich sehr viel weniger als der reiche Metrodorus und bin dennoch bei bester Gesundheit. Weit größere Freude empfinde ich, wenn ich ein zusätzliches Stück Brot esse, als jener, wenn er sich übersättigt nach einem üppigen Bankett von der Tafel erhebt.»*

*Schärfe Dir also ein, o mein Lucilius: Willst Du Dich reich fühlen, so werde ein Freund der Armut und lebe so, als habest Du nicht einen Sesterz in der Tasche. Leb wohl.*

*Dein Lucius Annaeus*

(Seneca, Brief 18)

*Lieber Lucius Annaeus,*

*hab Dank für die Ratschläge, die ich wieder in so großer Zahl von Dir erhalten habe. Doch ich fürchte, dass ich trotz aller Wertschätzung für Dich keinen einzigen befolgen werde. Meiner Ansicht nach ist es nämlich nicht entscheidend, ob man nun jeden Tag gefüllten Truthahn auf dem Tisch hat oder auch mal mit einem Kanten trockenen Brotes vorlieb nimmt, sondern ob man tatsächlich arm oder reich ist. Es ist keinem gedient, wenn ich mich hungrig von der Tafel erhebe, obwohl ich genau weiß, dass ich eigentlich all das essen könnte, worauf ich Lust habe. Ein solches Verhalten kommt allenfalls meiner Linie zugute. Kurzum, um in Armut zu leben, muss man tatsächlich arm sein. Nur wenn man einmal selbst erlebt hat, wie die eigenen Kinder mit Tränen in den Augen um ein wenig Brot betteln, und man ihnen dennoch nichts geben kann, um den Hunger zu stillen, weiß man, was Armut wirklich bedeutet. Nur diese bittere Erfahrung kann die eigene Seele stärken. Der andere Weg, jener des freiwilligen Verzichts, führt zu nichts. Hunger ist weniger ein körperlicher Mangel als vielmehr ein Zustand der Seele, ein Gefühl, das etwas mit Todesangst zu tun hat.*

*Und eben das unterschlägt auch Epikur, den Du so gerne zitierst. Recht geben möchte ich ihm aber, wenn er uns dazu ermahnt, unser Augenmerk auf jene Reichtümer zu lenken, die wir schon besitzen, und nicht auf jene, die wir gerne haben möchten. So sagte der große weise Mann einmal zu seinen Schülern: ‹Sucht ihr Wohlergehen, so häufet keine Reichtümer an, sondern beschneidet eure Wünsche.› Das ist das Ziel, das auch wir uns setzen sollten.*

*Ein Schauspieler auf der Bühne stirbt nicht, er gibt nur vor zu sterben. Er liebt nicht, sondern gibt nur vor zu lie-*

*ben. Und ähnlich sind auch wir, wenn wir trockenes Brot essen, nicht arm, sondern geben nur vor, arm zu sein. Mit anderen Worten, wir spielen die Rolle der Hungernden, wohl wissend, dass wir schon am nächsten Tag wieder alles essen können, wonach Herz und Magen begehren.*

*Wie ich hörte, ist in Galiläa eine religiöse Bewegung entstanden, deren Anhänger sich der Armut verschrieben haben. Und das nicht nur für ein paar Tage, sondern als Lebensentscheidung. Nun ist dies bestimmt nicht die erste Sekte, die das Fasten predigt, und sicher auch nicht die letzte. Wenn Dich danach verlangt, kannst Du Dich ihnen ja anschließen. Allerdings solltest Du wissen, dass diese Leute vielerorts von der Obrigkeit verfolgt und sogar gekreuzigt werden. Nicht, weil sie beschlossen haben, in Armut zu leben, sondern weil sie ganz offen all das missachten, was die Mächtigen zu ihrem Glück brauchen,*

*Was mich selbst nun betrifft, musst Du Dir keine Gedanken machen. Ich werde auch weiterhin gefüllten Truthahn essen, in Erwartung, vielleicht in einem späteren Leben zu den Armen zu zählen.*

*Dein Lucilius*

## Die Paradoxa

«Da wären wir also wieder beim Thema Arm und Reich», bemerkt Alessia. «Wieder ein Brief Senecas, in dem der Philosoph uns dazu anhält, mit Entbehrungen zu leben. Was meinst du? Ist es wirklich so erstrebenswert, arm zu sein?»

«Natürlich nicht. Aber die Frage ist an sich schon paradox. He, was hältst du davon, wir könnten das Paradoxon-Spiel spielen.»

«Und wie geht das?»

«Ganz einfach: Jeder denkt sich ein Paradoxon aus, und danach entscheiden wir, welches paradoxer war. Paradoxon ist ein Begriff aus dem Griechischen, von *para*, ‹gegen›, und *doxa*, ‹Meinung›. Dabei handelt es sich um Aussagen, die auf den ersten Blick wie ein Schlag ins Gesicht des gesunden Menschenverstandes wirken, aber gerade darum ihren Reiz haben.»

«Zum Beispiel?»

«Nun, ich könnte sagen: ‹Gott sei Dank kommen so viele Kurden und Albaner zu uns nach Italien.› Für was würdest du diese Aussage halten?»

«Für Unsinn.»

«Dabei ist es die Wahrheit. Die Statistiken beweisen es: In Anbetracht unserer niedrigen Geburtenrate und der Steigerung der durchschnittlichen Lebenserwartung hätten wir ohne Einwanderung im Jahr 2050 nur noch zweiundvierzig Millionen Einwohner, und von diesen zweiundvierzig Millionen wären siebzig Prozent Männer und Frauen über sechzig Jahre. Wo sollten wir das Geld für ihre Rente hernehmen? Tatsächlich werden in keinem anderen Land Westeuropas so wenige Kinder geboren wie in Italien. In dieser Situation bleibt uns nichts anderes übrig, als junge Arbeitskräfte aus der Dritten Welt zu uns zu holen: Kurden, Albaner, Marokkaner … – sie müssten uns alle willkommen sein. Vielleicht sollten wir damit beginnen, Schiffe zu bauen, um sie zum Herkommen zu ermuntern.»

«Das hört sich überzeugend an. Hast du noch mehr solcher Paradoxa auf Lager?»

«Sicher. Was sind die Vorteile der Atombombe?»

«Ich kann mir keine vorstellen.»

«Aber die gibt es: Erstens würde sie uns alle gemeinsam umbringen, sodass keine trauernden Familienangehörigen zurückbleiben. Zweitens haben wir es dem so genannten ‹Gleichgewicht des Schreckens› zu verdanken, dass aus dem Kalten Krieg kein Dritter Weltkrieg zwischen NATO- und Warschauer-Pakt-Staaten geworden ist.»

«Noch eins!»

«Der italienische Faschismus war gar nicht so schlecht.»

«Na, das ist stark.»

«Überhaupt nicht, wenn du folgende Rechnung aufmachst: Unter allen Diktaturen des zwanzigsten Jahrhunderts war der italienische Faschismus sozusagen eine Soft-Version oder, wenn du so willst, die am wenigsten grausame Variante. Natürlich spreche ich hier nur von den Zahlen, aber verglichen mit den Millionen politischen Gegnern, die Mao aus dem Weg räumen ließ, die Stalin auf dem Gewissen hat und die auf Hitlers Konto gehen, nimmt sich die Zahl von vielleicht hundert Regimegegnern, die in Italien zu Grabe getragen wurden, Matteotti eingeschlossen, fast lächerlich gering aus. Von den Deportierten ganz zu schweigen: Es ist eben ein riesiger Unterschied, ob man in Sibirien bei zwanzig Grad unter Null in einem Straflager lebt oder aber nach Ponza oder Ventotene verbannt wird, wo man, wenn es einem auch sonst an allem fehlt, immer noch ein erfrischendes Bad im Meer nehmen kann.»

«Gut, da magst du Recht haben», gibt Alessia nach, «dann können wir also sagen, dass der italienische Faschismus auf klimatischer Ebene besser war, nicht aber auf ideologischer. Nur wenn man so paradox argumentiert, findet man an allem eine gute Seite. Aber deshalb sind Flüchtlingsströme, Atombomben und Faschismus noch lange keine begrüßenswerten Ereignisse.»

«Bleiben wir bei den paradoxen Aussagen», fahre ich ungerührt fort. «Was hältst du davon, dass unser Staat mit zwei Millionen Milliarden Lire verschuldet ist? Ist das gut oder schlecht?»

«Wie könnte das gut sein?»

«Nimm's mir nicht übel, liebe Alessia, aber von Volkswirtschaft hast du wirklich keine Ahnung. Überleg doch mal. Wo Schulden sind, gibt es immer einen Gläubiger, der sein Geld zurückhaben will. Und wer sind in Italien diese Gläubiger? Es sind die Italiener selbst, und sie wollen, so sieht es zumindest aus, ihr Geld gar nicht zurückhaben; sie geben sich mit den Zinsen zufrieden.»

«Schon», wirft Alessia ein, «aber früher oder später muss dieses Geld ja mal zurückgezahlt werden.»

«Das ist nicht gesagt», antworte ich. «Betrachten wir die Sache doch einfach mal unter dem Aspekt des halb vollen Glases: Das heißt, in den letzten Jahren haben die Italiener zwei Millionen Milliarden nicht verprasst, sondern zur Seite gelegt und in Papierfetzen, Staatsanleihen genannt, Anlagefonds und Ähnliches investiert. Daher ist es nicht übertrieben zu sagen, die Italiener sind das sparsamste Volk ganz Europas. Nur leider haben wir es lediglich auf zwei Millionen Milliarden Schulden gebracht; drei wären noch besser.»

«Ein Hoch auf Italien», bemerkt Alessia ironisch.

«Ja, so könnte man sagen. Aber mir fällt noch etwas anderes ein. Pass auf: Du hast wirklich Pech, dass du so schön bist.»

«Und wieso?»

«Ganz einfach: Heute freust du dich noch daran, aber sagen wir mal in fünfzig Jahren hast du garantiert größere Probleme als eine Freundin, die noch nie eine Schönheit war. Die hat nämlich eine lange Übung darin, mit den

Schwachpunkten ihres Körpers zurechtzukommen, und wird dann glücklicher sein als du.»

«Schön, aber jetzt will ich dir mal eine Frage stellen», wechselt Alessia rasch das Thema. Die Aussicht, einmal ihre Schönheit zu verlieren, scheint ihr nicht zu behagen. «Sollte eine Frau lieber einen Lebemann oder einen seriösen Mann heiraten?»

«Die Frage ist fast zu einfach», antworte ich, ohne zu zögern. «Den seriösen sollte sie heiraten und sich den anderen als Liebhaber nehmen. Gleichzeitig natürlich.»

«Ihr aus dem Showgeschäft kennt wirklich keine Moral. Verstehst du denn nicht, dass für eine Frau Sex nicht an erster Stelle steht?»

«Das sagst du heute. Aber warte nur noch ein paar Jährchen, bis deine Schönheit dahin ist. Dann sprechen wir uns noch mal.»

# ÜBER DIE POLITIK

*Lieber Lucilius,*

*zu irren scheinen mir jene, die glauben, der Weise müsse sich, um als solcher gelten zu können, unbedingt der Macht widersetzen. Das Gegenteil ist richtig. Ein wirklich weiser Mann bringt der öffentlichen Ordnung ein Höchstmaß an Wohlwollen und Einverständnis entgegen. Denn niemandem mehr als dem Philosophen ist damit gedient, wenn das gesellschaftliche Leben in ruhigen und geregelten Bahnen verläuft.*

*Die meisten Menschen nutzen noch die kleinste Krise aus, um sich zusätzliche Vorteile zu verschaffen. Sie vergessen das, was sie schon erhalten haben, und gieren danach, den jeweiligen Machthabern weitere Vergünstigungen zu entreißen. Im Gegensatz dazu überlässt der Philosoph die Staatsgeschäfte jenen, die sich danach drängen, meidet den Senat, die Gerichte und alle anderen Institutionen der Machtausübung und widmet sich allein dem Studium und der Meditation. Und gerade deswegen schätzt er die Leistung jener Männer, durch die er dies ungefährdet tun kann. Er ist ihnen dankbar, dass sie an seiner statt die Aufgabe übernommen haben, die Geschicke des Staates zu lenken.*

*So wie unter den Reisenden, die eine ruhige Überfahrt genossen haben, Neptun jene am dankbarsten sind, die kostbare Waren transportierten, fühlt sich der Philosoph jenen Machthabern verpflichtet, die ihm ein ruhiges Leben ohne Wirrnisse und Kriege ermöglichen. Zumal all diese*

*Güter, also Sorglosigkeit, Frieden und Ruhe, nicht nur ihm alleine zugute kommen, sondern der gesamten Menschheit.*

*Sextius pflegte zu sagen: «Jupiter vermag nicht mehr als ein Mann von Wert.» Aber worin übertrifft er diesen dann? Darin, dass er länger gut ist. Die Götter sind weder hochmütig noch missgünstig: Sie lassen die Menschen aufsteigen und reichen ihnen die Hand. Doch beschwerlich ist der Weg zu den Sternen. Dorthin führen nur Anspruchslosigkeit, Selbstbeherrschung und Tapferkeit. O mein Lucilius, willst Du diesen Weg gemeinsam mit mir gehen? Ich reiche Dir die Hand. Leb wohl.*

*Dein Lucius Annaeus*

(SENECA, BRIEF 73)

*Lieber Lucius Annaeus,*

*über Deinen letzten Brief habe ich lange nachgedacht. Mich bewegte die Frage, ob es für einen Weisen moralischer sei, sich persönlich in die Geschäfte der* res publica *einzumischen oder sich ganz von der Politik fern zu halten.*

*Sähest Du eines Tages auf einem Spaziergang durch die Foren einen Mann, der, von Übelkeit gepackt, plötzlich zu Boden stürzt, würdest Du ihm gewiss wieder auf die Beine helfen und ihm in allem zur Seite stehen. Und ebenso würdest Du, drohte Dein Vaterland eines Tages zu fallen, Deine Hilfe mit Sicherheit nicht verweigern. Mit anderen Worten: Es gibt zwei gegensätzliche Beweggründe, die einen Menschen dazu bringen können, Verantwortung für das Gemeinwesen zu übernehmen – persönlicher Ehrgeiz oder Liebe zu den Menschen. Und so betrachtet könnte das Verhalten des Weisen, der sich in seinem Haus einschließt, um zu lesen und nachzudenken, auch als Desertion aufgefasst werden.*

*Doch egal aus welchen Gründen und in welchem Maße wir uns nun für den Staat einsetzen, immer müssen wir uns an seine Gesetze halten. Wie könnte man sich in diesem Zusammenhang nicht an Platons wunderschönen Dialog erinnern, in dem der Philosoph vom Besuch Critos bei Sokrates im Kerker erzählt, am Tag, als dieser den Schierlingsbecher leeren sollte. Es ist früher Morgen, und Crito fordert Sokrates auf, sich zu verkleiden und mit ihm zu fliehen. «Beeilen wir uns», sagt er zu ihm, «deine Wachen habe ich schon bestochen. Der Weg ist frei, wir müssen nur gehen.» Doch Sokrates weigert sich, ihm zu folgen, und antwortet: «Ich danke dir, mein Crito, für alles, was du für mich zu tun bereit bist. Doch sollten wir draußen vor dem Kerker den Gesetzen Athens begegnen und diese mich fragen, warum und wohin ich fliehen wolle, noch dazu vielleicht als Frau verkleidet, wie könnte ich mich vor ihnen rechtfertigen?» Woraufhin Crito ihn daran erinnert, dass er nach ungerechten Gesetzen verurteilt wurde, doch Sokrates unterbricht ihn sogleich: «Die Gesetze eines Staates sind niemals ungerecht. Wir können sie nicht in Frage stellen. Ohne sie hätte mein Vater meine Mutter nicht heiraten können, und ich wäre vielleicht niemals geboren worden. Es sind die Menschen, die die Gesetze immer wieder falsch anwenden. Und doch haben wir sie in jeder Situation anzuerkennen.» Mit diesen Gedanken über den Wert der Gesetze sage ich Dir nun Lebwohl.*

*Dein Lucilius*

## Politikverdrossenheit

«Wer, glaubst du, hat diesmal Recht?», fragt mich Alessia. «Seneca oder Lucilius?»

«In welcher Hinsicht?»

«Hinsichtlich des politischen Engagements. Nach Seneca müsste sich der Weise aus allem raushalten und nur lesen und denken. Lucilius hingegen betont seine Pflicht, sich in den Kampf zu stürzen, um das Leben seiner Mitbürger zu verbessern.»

«Die Frage gehört wohl zu den schwierigsten überhaupt und lässt sich nur von Fall zu Fall entscheiden. Im Jahr 1948 zum Beispiel standen sich in Italien zwei feindliche Lager gegenüber, auf der einen Seite die Christdemokraten, auf der anderen die Volksfront. Die Entscheidung für oder gegen eine dieser Bewegungen war auch eine Entscheidung darüber, ob Italien Teil des Atlantischen Bündnisses werden oder zum sowjetischen Einflussbereich zählen sollte. Zur Wahl zu gehen war damals mehr als ein demokratisches Recht, es war eine Pflicht. Heute dagegen, wo sich die großen Parteien kaum noch voneinander unterscheiden, könnte man es als überflüssig ansehen, Stellung zu beziehen. Und es spielt auch die körperliche Verfassung des Wählers eine Rolle. Mir zum Beispiel, mit meinen fast siebzig Jahren auf dem Buckel sowie den sechs, die mir die statistische Lebenserwartung noch zubilligt, kann es doch vollkommen egal sein, ob der Verkehrsminister ein Herr vom Ölbaum[1] oder vom Polo[2] ist. Und deshalb ent-

[1] «L'olivo», der Ölbaum, ist das Symbol der Mitte-Links-Koalition. (A. d. Ü.)

[2] Bündnis der italienischen Mitte-Rechts-Parteien (A. d. Ü.)

scheide ich mich für Seneca: Es ist tausendmal besser, sich zu Hause einzuschließen, um zu lesen und zu meditieren, als an diesem Gerangel um die politische Macht teilzunehmen.»

«Dann schlägst du dich also auf die Seite der *Qualunquisti*.»[3]

«Du sagst das so, als wenn das etwas Schlechtes sei. Dabei war Guglielmo Giannini ein angesehener Intellektueller und von ganz anderem Kaliber, als es ein Bossi[4] heutzutage ist. Das Problem ist ja auch weniger der *Qualunquismo*, entscheidend ist, ob das eigene Herz links oder rechts schlägt.»

«Und wo schlägt deines?»

«Rechts, wenn die Macht links ist, und links, wenn die Rechten an der Macht sind.»

«Du magst es also, immer in der Opposition zu sein?»

«Selbstverständlich. Es ist doch viel aufregender, sich aufzulehnen, als mit den Wölfen zu heulen, besonders wenn man das Glück hat, in einem Land zu leben, wo die politischen Gegner nicht ins Gefängnis geworfen werden. Auf jeden Fall aber sollte man, wenn man sich eine rechte Regierung wünscht, für die Linken stimmen. Totò hat das wunderbar erklärt.»

«Das habe ich jetzt überhaupt nicht verstanden.»

«Dann pass mal auf. Einmal an der Macht, verschieben sich alle Linksparteien immer weiter nach rechts, und zwar deshalb, weil ihnen die links stehenden Gewerkschaften

[3] Der Begriff leitet sich von der politischen Bewegung des *Qualunquismo* ab – von Guglielmo Giannini 1944 gegründet –, die gegenüber Staat und Parteien eine distanzierte bis gleichgültige Position einnahm; *qualunque* – «gleichgültig», «beliebig». (A. d. Ü.)

[4] Chef der separatistischen *Lega Nord* (A. d. Ü.)

selten Steine in den Weg legen. Daher kann eine Linksregierung viel bequemer rechte Politik machen. Ich weiß, das hört sich absurd an, aber so liegen die Dinge nun mal.»

# ÜBER DEN GEMEINSINN

*Lieber Lucilius,*

*kein Ereignis auf dieser Welt, sei es nun vorteilhaft oder nachteilig, gehört nur zu uns allein. Was mir geschieht, das betrifft auch Dich, was Dir geschieht, betrifft auch mich, und was uns beiden geschieht, wird früher oder später auch alle anderen betreffen. Mit anderen Worten: Kein Mensch kann glücklich werden, wenn er nur an sich selbst denkt.*

*Dieses Zusammengehörigkeitsgefühl, sorgfältig und unverletzlich gehütet, das uns Menschen den Menschen verbindet und das Bewusstsein eines gemeinsamen Rechts des Menschengeschlechts vermittelt, trägt am meisten dazu bei, auch jene engere Gemeinschaft der Freundschaft zu fördern. Der Weise erkennt in jedem Menschen einen möglichen Freund, während der Tor weder den Mitmenschen noch den Freund erkennt und so, früher oder später, ganz allein und vergessen und daher auch unglücklich sein wird.*

*In unserer Welt ruft den einen schon der Tod, einen anderen quält die Armut, wieder ein anderer sorgt sich um Reichtum, fremden oder eigenen. All diese Schwächen können einen Menschen daran hindern, dem Mitmenschen, der in Not geraten, zu Hilfe zu eilen. Ich weiß jedoch, dass das bei Dir nicht der Fall ist: Du versprachst einmal, den Kranken beizustehen, den Schiffbrüchigen, den Armen und all jenen, über denen sich schon Thanatos' Fallbeil niedersenkt. Aber mache Dir klar, dass jene auch heute schon, ohne äußere Bedrängnis, die Hände Hilfesuchend zu Dir ausstrecken. Ziellos irren sie umher und flehen Dich an, ihnen mit Deiner Fackel den Weg der Wahrheit zu erhellen. Lehre sie zu erkennen, was die Natur an Unausweichlichem geschaffen hat, und von überflüssigen Gütern zu unterscheiden.*

*Meinen Brief schließen möchte ich mit der Mahnung, den Sophisten zu misstrauen und all jenen, die Dich mit ihren abstrusen Gedankenspielen vom rechten Weg abbringen wollen. Bedenke immer, dass die Wahrheit in einer einfachen und klaren Sprache ihren Ausdruck findet, und hüte Dich davor, Deine Zeit mit dem Lernen unnützer und schädlicher Dinge zu vergeuden. Leb wohl.*

*Dein Lucius Annaeus*

(Seneca, Brief 48)

*Lieber Lucius Annaeus,*

*in Deinem letzten Brief hältst Du mich dazu an, auf meine Mitmenschen zuzugehen, so viele Freundschaften wie nur möglich zu schließen, den Armen und Notleidende zu helfen und den Verirrten den rechten Weg zu weisen. Nun, was soll ich darauf antworten? Wie könnte man einem Freund, der einem Derartiges rät, nicht zustimmen! Doch Deiner weisen Ratschläge zum Trotz schlägt die Göttin des Gemeinsinns zuweilen andere Wege ein und hilft den Notleidenden gerade dadurch, dass sie das Tun der Ichsüchtigen ausnutzt. Denke nur an unseren gemeinsamen Bekannten Settimius Drusus. Wer ihn gut kennt, und Du kennst ihn sogar sehr gut, weiß, dass Settimius alles andere als ein barmherziger Mensch ist: Seine eigene Mutter würde er zum Betteln auf die Straße schicken, wenn es ihm einen Vorteil brächte. Ohne Zweifel ein habsüchtiger Mann, und doch hat kein Römer in den letzten Jahren mehr Wohlstand geschaffen als Settimius Drusus. Seine Marmorsteinbrüche haben vielen hundert Menschen Arbeit gegeben, dank seiner Handelsbeziehungen zum Orient hat es mehr als eine Generation von Seefahrern zu Wohlstand gebracht, und alle, ja wirklich alle, drängen sich danach, ihn zu grüßen, wenn sie ihn auf den Foren treffen. Ja, selbst seine Sklaven führen ein besseres Leben als die aller anderen Herren Roms.*

*So kann man also sagen, dass Settimius Drusus ein selbstsüchtiger Mensch und gleichzeitig ein außerordentlicher Wohltäter ist, da er ein solches Maß an Wohlstand geschaffen hat. Denn so groß seine Habgier auch sein mag, es ist ihm niemals gelungen, alles, was er zusammengetragen, alleine zu verschlingen. Und so können wir mit Fug und Recht behaupten, dass ein Ichsüchtiger wie Settimius Drusus dem Volk nützlicher ist als ein heiliger Mann, der sich für ein Leben in Armut entschieden und seinen letzten Mantel mit anderen Bedürftigen teilt. Leb wohl.*

*Dein Lucilius*

## Egoismus und Solidarität

«Wären die Briefe nicht unterschrieben, könnte man glauben, sie stammen von zwei zeitgenössischen Autoren mit sehr gegensätzlichen Weltanschauungen», stellt Alessia fest.

«Da hast du Recht», pflichte ich ihr bei. «Der Erste wäre ein Marxist, der den Fehler begeht, die positiven Seiten des Egoismus zu unterschätzen, der Zweite ein reiner Kapitalist, der die Segnungen der Solidarität außer Acht lässt. Es sind ja genau diese beiden Grundeinstellungen, die die Wirtschaft eines Landes regulieren: der Egoismus mit seinem Drang, stets noch mehr zu verdienen, und die Solidarität mit ihrer Fixierung auf den Schutz der zu kurz Gekommenen. Das Bruttosozialprodukt und der Markt sind Kinder des Egoismus, das soziale Netz mit Arbeitslosengeld, Rentenversicherung und so weiter Ergebnisse der Solidarität. Die richtige Mischung dieser beiden Prinzipien ist die Grundvoraussetzung für eine gute Regierung, wenn du so willst.»

«Du würdest also für eine gemischte Partei stimmen: teilweise links, teilweise rechts.»

«Das Problem, meine liebe Alessia, ist nicht rechts oder links, sondern die richtige Mischung. Ich wäre ja dafür, an Stelle der Wahlkabinen Duschkabinen aufzustellen, die mit zwei Wasserhähnen ausgestattet sein müssten, einer für kaltes Wasser mit der Aufschrift ‹Egoismus›, der andere für heißes Wasser mit der Aufschrift ‹Solidarität›. Die Wähler müssten nun an beiden Hähnen drehen und so lange probieren, bis schließlich angenehm warmes Wasser zum Duschen aus der Leitung kommt. Und das möglichst, ohne zu viele Emotionen mit ins Spiel zu bringen.»

«Wenn du glaubst, dass das so einfach ist», meint Alessia lachend, «könntest du doch eine neue Partei gründen, die Duschpartei. Den passenden Namen hätte ich auch schon, PLW, ‹Partei des Lauwarmen Wassers›.»

«Nein, nein, so einfach ist das nicht. Es gibt da einen störenden Dritten, der alles durcheinander bringt, und das ist die Macht, die missratene Tochter des gesunden Egoismus. Wenn die Regierung des Lauwarmen Wassers die Rechnung ohne die natürlichen Machtgelüste der Menschen macht, nehmen die Dinge rasch einen unguten Verlauf. So wie in der Sowjetunion oder in China. Unter dem Vorwand der stets wie ein Banner vor sich her getragenen Solidarität haben noch alle, die nach einer Revolution auf der Kommandobrücke standen, versucht, alle möglichen Gegner für immer zum Schweigen zu bringen. Wenn es so weit kommt, wird jedwede Differenzierung hinsichtlich des Charakters einer Revolution hinfällig. Für Unterdrückung gibt es keine Rechtfertigung, egal, ob sie nun von Linken oder Rechten ins Werk gesetzt wird. Eine Diktatur ist nun mal eine Diktatur, ganz unabhängig von den Idealen, die sie einmal an die Macht gebracht haben.»

# ÜBER DIE FORM

*Lieber Lucilius,*

*Du schreibst, Du habest mit großem Interesse in den Büchern des Fabianus Papirius über die Politik zu lesen begonnen, doch sie hätten nicht Deinen Erwartungen entsprochen. Wenn ich Dich recht verstehe, missfällt Dir vor allem sein Stil. Du hältst ihn für zu einfach, zu normal, zu alltäglich. Ausgeschüttet seien die Worte, nicht sorgsam gefügt. Nehmen wir nun an, es sei so, wie Du sagst. So hat doch diese Tatsache ihre eigene Anmut, und es gibt einen eigenartigen Reiz bei der sanft dahingleitenden Rede: Einen großen Unterschied nämlich macht es, meine ich, ob sie einfach dahinstolpert oder fließt. In Papirius' Rede herrscht eine natürliche Ordnung und keine künstliche, geradewegs steuert er auf sein Ziel zu, wobei er alle Punkte mit größter Klarheit abhandelt. Den Charakter, nicht die Worte hat er geformt, und für die Seele hat er geschrieben, nicht für die Ohren.*

*Ein gesuchter Stil entspricht einem Philosophen nicht, da diesem, im Gegensatz zum Poeten, die Klarheit seiner Lehre wichtiger ist als das Spiel mit den Gefühlen. Papirius' Prosa mag durchaus einfach sein, ist aber niemals vulgär. Seine Worte sind gewählt, nicht gesucht. Ganz anders als bei vielen vermeintlichen Philosophen heutzutage, die eigentlich nicht lehren wollen, sondern sich hervortun und blenden. Papirius legt seine Gedanken knapp und deutlich dar, und eben das macht ihre Schönheit aus, so wie auch ein Haus, dem Marmor und anderer Zierrat fehlen, doch schön anzusehen ist, wenn es seinen Zweck erfüllt.*

*Über den Stil gehen die Meinungen ja weit auseinander. Manche wünschen sich, dass er, frei von Rauheit, sorgfältig geglättet sei, manche haben in solchem Grade ihre Freude an herber Formulierung, dass sie auch Stellen, die der Zufall weicher hat ausfallen lassen, mit Absicht auseinander reißen und den Schlussrhythmus zerstören, nur um der Erwartung zu widersprechen. Lies Cicero: Sein Stil ist einheitlich, bewahrt den Rhythmus, biegt sich langsam und ist ohne Peinlichkeit weich. Der des Asinius Pollio hingegen holprig und sprunghaft, und dort, wo Du es am wenigsten erwartest, bricht er ab.*

*Um noch einmal auf Fabianus Papirius zurückzukommen: Sein Stil ist nie gewöhnlich, sondern nur ruhig, und er vermittelt uns das Bild eines ausgeglichenen Menschen. Gewiss mangelt ihm die Lebendigkeit des erfolgreichen Redners, die in der Grandiosität der Wortwahl ihren Ausdruck findet, wie sie typisch ist für die Tragödie. Das ändert jedoch nichts daran, dass seine Art, seine Gedanken so ruhig und leicht nachvollziehbar darzulegen, sehr viel überzeugender ist als eine Lektion, die nur darauf anlegt, Staunen hervorzurufen. Leb wohl.*

*Dein Lucius Annaeus*

(Seneca, Brief 100)

*Lieber Lucius Annaeus,*

*Dein letzter Brief, in dem Du so vehement Fabianus Papirius' Stil verteidigst, regte mich dazu an, all die Briefe, die Du mir in den vergangenen Jahren gesandt hast, noch einmal durchzulesen. Dabei fiel mir auf, dass es Dir darin, trotz der Vielzahl der behandelten Themen, im Grunde immer um eines geht: um die moralische Ordnung. Gerade so, als gäbe es die ästhetische Seite des Lebens überhaupt nicht und als zähle allein das Ethische. Nur so erklärt sich, warum Du Dich bei der Beschäftigung mit Papirius' Werken nie gefragt hast, ob seine Abhandlungen erfrischend zu lesen seien, sondern nur, ob sie dem Leser nützen oder nicht. Mit anderen Worten, für Dich ist der Inhalt weitaus wichtiger als die Form und daher letztendlich auch bedeutender als die Kunst.*

*Beantworte mir nun bitte folgende einfache Frage: Bist Du davon überzeugt, dass die Literatur zu den größten Freuden des Lebens zählt? Wenn ja, wie kannst Du dann einen mittelmäßigen und alles in allem langweiligen Autor wie Deinen Fabianus Papirius einem so phantasie- und bilderreichen Schriftsteller wie Asinius Pollio vorziehen? Zugegeben, dessen Schriften machen den Zugang manches Mal nicht leicht, dennoch bleibt die Tatsache, dass auch seine weniger gelungenen Arbeiten die Phantasie anregen und zu Reisen in fremde Welten einladen, die Du sonst wahrscheinlich niemals betreten hättest. Ich jedenfalls finde Papirius vorhersehbar, zuweilen sogar nichts sagend, Pollio hingegen überraschend und stimulierend, auch dann, wenn ich seine Ideen gar nicht teile. Du jedoch machst fast eine dogmatische Frage daraus: Ob man nun Asinius Pollio liest oder Fabianus Papirius, ist für Dich eine Entscheidung für oder gegen ein politisches Lager. In dieser Hinsicht jedenfalls kann ich Dich beruhigen: Meine Lektüre ist sehr breit gestreut. Ich lese alles, nicht nur Asinius Pollio, auch Ovid, Cicero oder Horaz. Mein Lieblingsautor ist und bleibt jedoch jener Lucius Annaeus Seneca, der Dir nicht unbekannt sein dürfte und den ich über alle Maßen schätze, auch wenn unsere Meinungen manchmal auseinander gehen. Leb wohl.*

*Dein Lucilius*

## Form oder Inhalt

«Donnerwetter!», rufe ich aus, als ich Lucilius' Antwortbrief gelesen habe. «Da sind wir ja mittendrin in der klassischen literarischen Debatte. Noch heute wird in den Feuilletons der großen Tageszeitungen immer wieder die Frage diskutiert, ob bei einem Text die Form wichtiger sei oder der Inhalt, wobei hier Lucilius, im Gegensatz zu Seneca, wohl eindeutig für die Form plädiert.»

«Und dir, was ist dir als Autor wichtiger», fragt Alessia, «Form oder Inhalt?»

«Nun ja, wie wohl jeder Autor möchte ich meine Gedanken so gut wie nur irgend möglich ausdrücken. Aber vor die Wahl gestellt, würde ich mich eher für den Inhalt entscheiden, obwohl ich weiß, dass die Kritiker ihr Augenmerk hauptsächlich auf die Form richten. Unterscheiden muss man aber zunächst einmal zwischen Sachbuch und fiktiver Literatur. Bei einem Roman, wo der Ausdruck von Gefühlen eine ganz große Rolle spielt, ist der Stil mit Sicherheit wichtiger als bei einer, sagen wir, historischen Abhandlung. Dort kommt es in erster Linie auf den Inhalt an, aber natürlich auch auf die Fähigkeit des Autors, diesen Inhalt verständlich zu vermitteln.»

«Also auf die Form.»

«Im Grunde, ja. Es geht darum, mit einfachen Worten komplizierte Sachverhalte darzustellen und dabei nicht in der eigenen, sondern in der Sprache der Leser zu schreiben. Die meisten Akademiker schreiben nun aber leider so, als handle es sich bei ihren Lesern ausschließlich um Kollegen. Jeder von uns passt doch seine Sprache beim Reden dem Adressaten an, also dem Menschen, mit dem er spricht. Mit einem fünfjährigen Jungen rede ich anders als mit einem Ingenieur und mit einem alten Freund anders als mit dem Klempner, der mir im Badezimmer ein paar neue Rohre verlegt. Also ist es für denjenigen, der sich an ein großes Publikum wendet, von grundlegender Bedeutung, eine mittlere Sprachebene zu finden, die von den meisten Lesern verstanden wird.»

«Aber du schreibst doch keine Romane, sondern eher Sachbücher, oder?», will Alessia wissen. «Ich frage das, weil ich deine Bücher manchmal in der Bestsellerliste für Sachbücher und andere Male in der für Belletristik finde.»

«Am liebsten würde ich ja in der Rubrik ‹belletristische Sachbücher› aufgeführt werden, oder noch besser unter ‹sachliche Belletristik›. Aber weil die zuständigen Leute überhaupt nicht wissen, wo sie mich hintun sollen, stecken sie mich häufig einfach unter ‹Verschiedenes›. Aber egal, wie man meine Bücher einordnet. Im Grunde kommt's ja nur drauf an, dass meine Leser Spaß an ihnen finden.»

# ÜBER DIE LEHRMEISTER

*Lieber Lucilius,*

*was ist es, o mein Lucilius, das uns, wenn wir einem klaren Ziel zustreben, doch in eine falsche Richtung treibt? Und wie können wir uns diesem schädlichen Sog widersetzen? Nur wenige, sagt Epikur, seien zur Wahrheit ohne irgendjemandes Hilfe gelangt; sie lobt er am meisten. Andere, wie sein Freund Metrodoros, seien auf die Führung eines Lehrmeisters angewiesen. Auch er sei ein hervorragender Mensch, aber eben kein Genie. Nun müssen wir uns eingestehen, dass wir beide zur zweiten Kategorie gehören. Doch grämen darob müssen wir uns nicht. Es hat schon seinen Wert, dass wir es überhaupt erkennen. Sogar eine dritte Kategorie gibt es noch, und auch jene, die dazu zählen, sind nicht zu verachten. Sie bedürfen, um auf dem rechten Weg zu bleiben, ständiger Ermahnungen und müssen manchmal gar mit Gewalt gezwungen werden. Epikur erwähnt in diesem Zusammenhang den jungen Hermarchos und führt aus: «Im Grunde achte ich diesen mehr als Metrodoros, denn Lob gebührt vor allem jenem, der auf seinem Weg mit den größten Schwierigkeiten zu kämpfen hatte.» Stell Dir vor, zwei Männer hätten zwei Gebäude errichtet, beide gleich groß und gleich prächtig. Der eine hat einwandfreien Baugrund vorgefunden, der andere musste die Fundamente mühsam in morastiges und weiches Erdreich einlassen, und viel Anstrengung war nötig, bis man auf festen Grund gelangte. Wenn man beide Bauten betrachtet, liegt die Leistung des einen deut-*

*lich zu Tage, des anderen große und schwierigere Leistung aber liegt verborgen.*

*Unser Weg ist mit Hindernissen gepflastert. Daher brauchen wir einen Menschen, der uns leitet. Doch an wen sollen wir uns wenden? Helfen können uns sowohl Menschen, die wir seit jeher für ihre Lebensführung achten, als auch solche, die nicht mehr von dieser Welt sind und uns mit ihren hinterlassenen Werken auf unserem Weg bestärken. Nur sorgsam wählen müssen wir, wem wir die Führung unserer Seele anvertrauen.*

*Es gilt in erster Linie jene zu meiden, die Worte mit großer Schnelligkeit hervorsprudeln, dabei aber nur Gemeinplätze verbreiten. Stattdessen wenden wir uns an jene, die mit ihrer Lebensführung lehren und ihren Worten gemäß handeln, also niemals bei dem, was ihrer Aussage nach zu fliehen ist, ertappt werden. Gefährlich sind jene, die sich Philosophen nennen, in Wahrheit aber nur nach Beifall heischen. Es kommt auf die Taten an, nicht auf die Worte. Und das gilt ebenso für den Lernenden. Bei Pythagoras hatten die Schüler fünf Jahre zu schweigen, bevor sie ihre ersten Fragen stellen durften. «Beifall und Hochrufe», schärfte ihnen der Meister immer wieder ein, «könnt ihr euch für die Schauspieler im Theater aufsparen.»*

*Daher solltest Du, o mein Lucilius, jeden Redner aufmerksam beobachten: Aus manch einer kleinen, bisweilen unbewussten Geste kannst Du erkennen, welches sein wahres Ziel ist: Weisheit zu verbreiten oder seine Mitmenschen zu beeindrucken. Stolziert er mit geschwellter Brust einher und fuchtelt unablässig mit den Händen? Streicht er sich in einem fort die Haare zurück und blickt sein Publikum immer wieder von oben herunter an? Dies sind Zeichen, dass Du es mit einem Blender zu tun hast. Denke daran, Sprachgewandtheit kann schädlich sein, wenn sie sich mit Selbstgefälligkeit paart.*

*Ich will dieses Thema nun nicht weiter ausführen, denn, wie man zum Volke sprechen muss und was man sich seinen Zuhörern gegenüber erlauben kann, bedarf einer eigenen Behandlung. Einbuße jedenfalls hat die Philosophie erlitten – daran kann kein Zweifel bestehen –, nachdem sie in die Öffentlichkeit gegangen ist. Gewiss, sie kann sich dem Volke darstellen, nur braucht sie dazu keinen Marktschreier, sondern einen Priester. Leb wohl.*

*Dein Lucius Annaeus*

(SENECA, BRIEF 52)

*Lieber Lucius Annaeus,*

*über die Notwendigkeit eines guten Lehrmeisters, der uns immer wieder den richtigen Weg weist, habe ich keinen Zweifel. Etwas Nützlicheres können wir einem jungen Menschen, der sich dem Leben stellt, gar nicht wünschen. Ich würde sogar noch weitergehen und behaupten, dass ihm solch ein Lehrmeister auch in der Liebe nützlich sein kann.*

*Viele Menschen empören sich über große Altersunterschiede in einer Beziehung zwischen Liebenden. Dabei sollte man sich darüber freuen. Denn was könnte skandalös daran sein, wenn die Partner nicht nur Zärtlichkeiten, sondern auch noch Erfahrung und Weisheit austauschen? Und dabei ist meiner Ansicht nach vollkommen gleichgültig, ob es nun der Mann ist, der die Rolle des Lehrmeisters einnimmt, oder die Frau. Wichtig ist doch nur, dass zwischen beiden eine gewisse Anzahl von Jahren liegt – mindestens fünfzehn, würde ich raten, sodass der erwünschte Erfahrungsaustausch zu Stande kommen kann. Und das Gleiche gilt natürlich für Beziehungen zwischen zwei Männern. Ja, es ist wohl so, dass hier die Wahrnehmung der Rolle eines Lehrmeisters von einer Seite noch wichtiger ist. In der Tat sollte sich jeder Jüngling unter den Freunden der Familie einen guten Lehrmeister suchen, der ihn gleichzeitig auf dem Weg des Eros und dem der Vernunft ein Stück begleitet. Für alle gilt hier das Beispiel des Sokrates.*

*Der große Philosoph hatte ja in seiner Schule in Athen zahlreiche Schüler, die er sowohl in der Philosophie als auch in der körperlichen Liebe unterwies. Pausanias, Agathon und Phaidros, um nur einige zu nennen, folgten ihm tagsüber, an seinen Lippen hängend, durch die Straßen Athens, um dann nachts das Lager mit ihm zu teilen. Und als der schändliche Alkibiades, wie wir in Platons* Symposion *lesen, Sokrates vorwarf, ihn aus seinem Bett geworfen zu haben, antwortete ihm der weise Mann wörtlich: «Mein lieber Alkibiades, du möchtest schachern und bietest mir deine Schönheit gegen meine Weisheit, so ich diese überhaupt besitze. Aber was du mir damit vorschlägst, ist der Tausch von Bronze gegen Gold. Wie kannst du glauben, dass ich mich auf solch einen Handel einlasse?»*

*Nun, ich muss Dir gestehen, mein lieber Lucius Annaeus, dass ich trotz meiner Liebe zu den Frauen selbst auch glücklich gewesen wäre, von Sokrates nicht nur in der Philosophie, sondern auch in der Liebe unterrichtet zu werden. Auch wenn ich mich, wenn ich so zurückblicke, nicht beschweren kann: Als Jüngling hatte ich das Glück, Dich als Lehrer zu haben, so wie Dir selbst der große Sotion Lehrmeister war. Leb wohl.*

*Dein Lucilius*

## Lehrer und Schülerin

«Ich kann mir vorstellen, dass dir dieser Brief von Lucilius besonders gut gefällt», bemerkt Alessia.

«Wie kommst du darauf?»

«So wie ich dich sehe, strebst du im Grunde danach, Lehrer zu sein, und das auf jedem Gebiet, im Leben wie in der Liebe.»

«Aus deinen Worten höre ich einen gewissen Spott heraus», erwidere ich, leicht gekränkt. «Dass ich Freude daran habe, mit anderen das zu teilen, was ich selbst gelernt habe, stimmt aber tatsächlich. Nicht umsonst schreibe ich meine Bücher für ein sehr breites Publikum. Das bedeutet jedoch noch lange nicht, dass ich mit allen, denen ich etwas beibringe, auch ins Bett gehen will.»

«Aber mit allen Schülerinnen, zumindest mit den hübschen.»

«Also nun hör aber auf! Warum bist du eigentlich so schnippisch? Du zum Beispiel bist doch auch hübsch, und bin ich dir schon einmal zu nahe getreten?»

«Das beweist überhaupt nichts. Ich bin deine wissenschaftliche Beraterin für die Ausgrabungen. Das willst du nicht aufs Spiel setzen. Und außerdem glaube ich, dass du mich gar nicht als Frau siehst.»

«Wenn du dich da mal nicht irrst.»

«Meinst du eigenlich», fragt Alessia weiter, «dass Seneca und Lucilius miteinander ins Bett gingen? Wenn Lucilius am Schluss seines Briefes schreibt, als Jüngling habe er das Glück gehabt, Seneca zum Lehrmeister zu haben, scheint er doch auf so was anzuspielen.»

«Das würde mich jedenfalls nicht wundern. Damals war eine sexuelle Beziehung zwischen Lehrer und Schüler vollkommen normal. Wie ist das eigentlich mit dir und Enrico? Siehst du einen Lehrer in ihm?»

«Manchmal, nicht immer. Gelegentlich kommt es mir sogar so vor, als ob ich die Lehrerin bin.»

«Und glaubst du nicht, dass in gewissen Dingen Aldino dein Lehrmeister sein könnte?»

«Jetzt hör mal gut zu. Klären wir ein für alle Mal diese Angelegenheit mit Aldino: Ich habe den Typen nur ein paar Mal getroffen, und es war ein Fehler, dir davon zu erzählen. Er hat mir zwei eindeutige Angebote gemacht, und ich habe beide abgelehnt. Ich verstehe nicht, wieso du ihn immer wieder ins Spiel bringst. Aber wenn wir schon mal beim Thema pädagogische Beziehungen sind: Aldino und Enrico würden auch ein interessantes Lehrer-Schüler-Paar abgeben. Sie könnten einander beibringen, was jeweils dem anderen fehlt. Nur müssten sie es abwechselnd tun.»

«Dann bring sie doch bald mal zusammen. Wer weiß, vielleicht wirst du auf einen Schlag alle beide los.»

# ÜBER DAS GESPRÄCH

*Lieber Lucilius,*

*mit Recht verlangst Du, dass wir uns häufiger schreiben sollten. Es ist für uns der einzige Weg, miteinander zu sprechen, und ein Gespräch unter Freunden ist ein weit größeres und nützlicheres Vergnügen, als die gespreizten Reden auf dem Forum anzuhören. Solche Reden mögen die Menge beeindrucken, es fehlt aber die Vertrautheit, wie sie sich im Gespräch zwischen zwei Menschen einstellt, die sich seit Jahren kennen, schätzen und mögen. Die Philosophie besteht vor allem aus Ratschlägen zur richtigen Lebensweise, und ich wüsste nicht, wie man diese gleichzeitig mehreren Menschen erteilen könnte, vor allem dann nicht, wenn es sich um hunderte handelt. Hinzu kommt: Einen guten Rat gibt niemand mit lauter Stimme. Mit gesenkter Stimme gesprochene Worte finden leichter Zugang und bleiben hängen. Nicht viele Worte sind nötig, sondern wirksame. Wie Samen müssen sie gestreut werden; mögen sie auch noch so klein sein, haben sie erst einen geeigneten Platz gefunden, entwickeln sie ihre Kraft und entfalten sich aus kleinstem Beginn zu größtem Wuchs. Dasselbe macht die Vernunft: Sie nimmt keinen großen Platz ein, wenn Du sie erblickst, aber bei der Arbeit wächst sie. Wenig ist es, was man sagt, aber wenn es die Seele aufgenommen hat, gewinnt es Kraft und erhebt sich. Und so ist es auch mit den sittlichen Lehren. Denn viel bewirken sie, auch wenn sie klein sind. Es kommt nur darauf an, dass eine geeignete Seele sie aufnimmt. Dann wird sie ihrer-*

*seits viel hervorbringen und mehr zurückgeben, als sie empfangen hat. Leb wohl.*

*Dein Lucius Annaeus*
(Seneca, Brief 38)

*Lieber Lucius Annaeus,*

*das Gespräch ist ja wirklich die Grundlage unserer Zivilisation. Hast Du Dich eigentlich schon einmal gefragt, warum fast alle Genies Griechenlands im selben Jahrhundert geboren wurden, zur Zeit des Perikles nämlich, und zuweilen gar am selben Ort? Von Platon wissen wir ja, dass sich viele Männer des Geistes jeden Morgen zur Agora aufmachten. Und dort haben sie, so nehme ich an, sich einander begrüßt und sind wohl zumindest hin und wieder miteinander ins Gespräch gekommen. Wohlgemerkt, ich spreche hier nicht nur von Sokrates, Platon und Aristippos, von Melissos, Gorgias, Antisthenes, Demokritos oder Anaxagoras, denen als Philosophen sicher eine gewisse Vorliebe für das Gespräch innewohnte, sondern auch von Geschichtsschreibern wie Herodot, Thukydides und Xenophon, von Künstlern wie Pheidias, Myron, Iktinos, Polykleitos und Zeuxis, von Komödienschreibern wie Aristophanes, von Tragödiendichtern wie Sophokles und Euripides, von Ärzten wie Hippokrates, von Politikern wie Perikles und Alkibiades oder von Rednern wie Lysias und Trasymachos.*

*Meiner Ansicht nach trafen im Gespräch die Gedanken des einen auf den Geist des anderen und kehrten von dort verstärkt zurück, sodass auf diese Weise jeder Einzelne von ihnen jedes Mal wieder ein Stück klüger von der Ago-*

*ra nach Hause zurückkehrte. Und so bin ich überzeugt, dass sich Männer des Geistes regelmäßig treffen sollten, um ihre Gedanken auszutauschen und sich gegenseitig zu bereichern, und dass sie, wenn sie in verschiedenen Gegenden wohnen – wie wir leider –, sich zumindest häufig schreiben sollten.*

*Noch ein Gedanke zum Schluss: Eine Unterhaltung ist fast immer nützlich, auch wenn sie zwischen Menschen verschiedenen geistigen Ranges stattfindet. Müht sich ein Lehrender, seinem Schüler einen Stoff besonders verständlich zu vermitteln, wird er auch selbst seinen Nutzen davon haben, denn er wird die Zusammenhänge besser durchschauen. Wie oft schon stellte ich, vor einer Gruppe Schüler stehend, fest, dass meine Überlegungen noch fundierter hätten sein sollen, und wie oft schon haben mich die womöglich naiven Fragen eines Schülers dazu gezwungen, gewisse früher gewonnene Einstellungen noch einmal zu überdenken. Leb wohl.*

*Dein Lucilius*

## Die kreative Resonanz

«Weißt du, wie man dieses Phänomen nennt, von dem Lucilius spricht?», frage ich Alessia. «Das ist die kreative Resonanz. Ihr haben wir wohl alle besonders fruchtbaren Zeiten in der Geschichte der Menschheit zu verdanken.»

«Und die wären zum Beispiel?»

«Die bekanntesten sind die Renaissance in Italien und die Aufklärung in Frankreich. Aber auch in Österreich zu Beginn unseres Jahrhunderts erlebte die Menschheit eine solche Sternstunde: Die Genies schossen wie Pilze aus dem Boden, überall und in allen Berufszweigen.»

«Genies? In Österreich? Was für Genies?»

«Na, allein die vielen Künstler und Wissenschaftler, die in den letzten Jahrzehnten des neunzehnten Jahrhunderts in Wien geboren wurden. Ich meine Schönberg, Webern, Strauß, Klimt, Adler, Otto Wagner, Schiele ...»

«Schiele? Wer war denn Schiele?»

«Ein Maler. Sein Lieblingsmotiv waren nackte Frauen. Und im Umfeld von Wien hätten wir dann noch Musil, Mahler, Hoffmann, Roth, und natürlich auch Freud. Aber das sind nur die wenigen, die mir gerade einfallen. Wer weiß, wie viele andere Künstler dort noch geboren und groß geworden sind.»

«Also, wenn ich recht verstanden habe, kommt es im Leben darauf an, sich den richtigen Umgang zu suchen. Wehe, man gibt sich mit Dummköpfen ab. Und somit kann man also auch sagen, dass sowohl die Genialität als auch die Dummheit ansteckend sein können.»

«Ja, aber das Allerschlimmste ist, den ganzen Tag nur noch vor einem Bildschirm zu sitzen. Dabei geht die Kreativität vollkommen flöten, und wir verkommen immer mehr zu passiven Objekten. Vorsicht also vor dem Fernsehen und vor allem vor dem Computer! Um uns weiter zu entwickeln, brauchen wir unbedingt ein menschliches Gegenüber, mit dem wir uns messen können. Und wie soll man sich mit einer Samstag-Abend-Show oder einem Computerspielchen messen? Schlimmer kann man seine Zeit nicht vergeuden. Lieber jede Nacht mit einem anderen Partner ins Bett gehen, als zum elektronischen Eigenbrötler zu werden. Egal, wie unbefriedigend die Nacht auch verlaufen mag, alles ist immer noch besser als der virtuelle Ersatz.»

«Und was ist mit uns beiden, ist zwischen uns auch schon so etwas wie eine kreative Resonanz entstanden?», fragt Alessia, ein klein wenig kokett.

«Ja, aber ich würde sagen: noch nicht genug.»

# ÜBER DIE SCHAM

*Lieber Lucilius,*

*ich habe mit jenem Jüngling gesprochen, von dem Du mir erzähltest, und kann Dir bestätigen, dass ihm viel an Geist innewohnt und viel an Begabung, ja, dass er für sein Alter schon recht weit fortgeschritten ist. Wir trafen uns zufällig, und so wurde unsere Begegnung noch um einiges erhellender, da der Jüngling seine Worte nicht zuvor überlegt haben konnte. Umso mehr ist er daher zu loben. Als er sich aber, bevor er antwortete, zu sammeln suchte, konnte er kaum jener Schüchternheit Herr werden, die Menschen zu Eigen ist, die nicht an das Reden in der Öffentlichkeit gewöhnt sind, und eine tiefe Schamesröte überflutete sein Gesicht. Ich bin überzeugt, dass ihn dieses Erröten sein ganzes Leben begleiten wird, auch dann noch, wenn er sich gefestigt und alle Fehlhaltungen abgelegt hat und sich zu den Weisen zählen kann.*

*Denn mit Hilfe von keinerlei Weisheit werden solche Schwächen des Körpers abgelegt: Was sich einmal eingeprägt hat oder angeboren ist, kann durch Kunst zwar gelindert, nicht aber überwunden werden. Auch manchem besonders standfesten Menschen bricht im Angesicht des Volkes der Schweiß aus. Anderen zittern die Knie, wenn sie sprechen sollen, klappern die Zähne, stammelt die Zunge, verschließen sich die Lippen. Das vertreibt weder Selbstbeherrschung noch Übung jemals ganz, sondern die Natur zeigt ihre Macht und bringt sich auch den Kräftigsten durch jene Schwächen in Erinnerung. Diese sind aller-*

*dings auch ein Zeichen für eine große Empfindsamkeit, die nicht unterschätzt werden darf. Das Erröten speziell zeigt sich besonders häufig bei jungen Menschen, die mehr Wärme und eine zarte Stirn haben, berührt aber auch abgehärtete Männer und Greise. Es ist eine Gabe, die «Scham» genannt wird.*

*Pompejus, ein sonst willensstarker Mann, errötete häufig vor anderen Menschen, ganz besonders bei Volksversammlungen, wenn er zu einer Rede anhob. Und auch Fabianus Papirius errötete, wie ich mich erinnere, als er als Zeuge vor den Senat geführt wurde. Aber wunderbar zierte ihn diese Schamesröte. Zu erröten geschieht nicht aus einer Schwäche der seelischen Haltung, sondern auf Grund der Neuigkeit der Situation, die besonders Unerfahrene zwar nicht aus der Fassung bringt, aber bewegt.*

*Bühnenkünstler sind es gewohnt, auf vielfältigste Weise Gefühle, wie etwa Zorn oder Furcht, darzustellen. Sollen sie aber Schüchternheit ausdrücken, senken sie nur den Kopf und starren zu Boden. Denn nach Belieben erröten können sie nicht. Man kann es nämlich weder verhindern noch herbeiführen. Es ist eine Bekundung der inneren Verfassung, die nicht unserem Willen unterliegt.*

*Zum Schluss noch, wie so häufig, ein Rat, den Du beherzigen solltest: «Einen Mann von Wert müssen wir hoch achten, auch wenn er schüchtern ist, und uns stets so verhalten, als beobachte er unser Tun.» Das hat Epikur gelehrt, und wie sehr hat er damit Recht. Wie viele Verfehlungen würden gar nicht erst geschehen, träte uns ein Zeuge zur Seite. Glücklich ist jener, der nicht nur durch die Gegenwart eines Zeugen, sondern auch, wenn er nur an ihn denkt, alles besser macht. Glücklich auch, wer auf solche Weise jemanden verehren kann, dass er sich schon in Gedanken an ihn formt und gestaltet. Wähle Dir also ei-*

*nen Cato oder einen Laelius aus und lebe so, als würde Dich sein Schatten überallhin begleiten.*

*Dein Lucius Annaeus*

(Seneca, Brief 11)

*Lieber Lucius Annaeus,*

*mit großem Interesse habe ich Deinen Brief über die Scham gelesen, doch ich fürchte, wieder einmal, Deine Meinung nicht in allem teilen zu können. Vielleicht bist Du zu optimistisch. Der Fall meines jungen Freundes, der bei jedweder Frage errötet, ist eben wirklich nur ein Zufall und nicht die Regel. Die Jugend ist heutzutage sehr viel unbefangener, als Du Dir das vorstellst. Sie errötet vor überhaupt nichts mehr. Und die jungen Mädchen wissen gar nicht mehr, was das ist: Scham. In der Nähe von Agrigent wurde ich selbst Zeuge, gelinde gesagt, anstößigen Treibens. Einige Mädchen, kaum zwanzig, badeten fast nackt im Meer, denn bekleidet waren sie bloß mit zwei schmalen Stofftüchern, die sie um Brüste und Hüften geschlungen hatten, und dabei zeigten sie nicht die geringste Befangenheit angesichts der zahlreichen Männer, die um sie herum waren und sie anstarrten. Von Scham und Erröten keine Spur. Ein unwürdiges Schauspiel, der verrufensten Freudenhäuser der Subura würdig. Wie ich hörte, plant ein Künstler, ein gewisser Servilius, sogar, die Szene auf einer Wachstafel festzuhalten, um sie dann zu einem Mosaik für eine Patriziervilla in Piazza Armerina zu gestalten, einem Dörfchen, nicht weit von dem Ort entfernt, wo ich zur Sommerfrische weile.*

*Es gibt wohl kein einziges Thema mehr, bei dem die Ju-*

*gend heute noch errötet. Hemmungslos unterhalten sich die jungen Leute über alles, was sie bewegt, und nur wenn sich ein Älterer nähert, brechen sie ab, wahrscheinlich aus Mitleid, um ihn nicht in Verlegenheit oder gar zum Erröten zu bringen. Vor einigen Tagen hörte ich, wie ein Junge in aller Öffentlichkeit mit seinen zahlreichen Eroberungen prahlte, und dabei scheute er nicht davor zurück, beim Aufzählen seiner Gespielinnen auch die Familiennamen der Mädchen zu nennen. Wenn Du mich fragst, begann das alles mit der Eroberung Griechenlands. Früher war das römische Volk für seine Sittenstrenge bekannt. Erst durch die Berührung mit den Gebräuchen der Griechen wurde dieser Niedergang, wie wir ihn heute vor Augen haben, eingeleitet. Hoffen wir, dass er sich noch aufhalten lässt und wir zu den Zeiten vor Cato zurückkehren können. Leb wohl.*

*Dein Lucilius*

## Der Untergang des Römischen Reiches

«Waren die alten Römer damals denn wirklich so prüde und sittenstreng?», fragt mich Alessia.

«O ja, das waren sie, wahrscheinlich noch mehr, als du dir vorstellen kannst. Aber man muss auch bedenken: Ohne diese rüde, kompromisslose Autorität hätten sie ein so riesiges Reich, wie sie es in weniger als einem Jahrhundert eroberten, wahrscheinlich gar nicht aufbauen können. Wie prüde die Römer tatsächlich waren, kannst du daran ersehen, dass sie vor Scham fast im Boden versanken, als sie die vier erotischen Gemälde sahen, die Konsul Mummius nach der Eroberung Korinths als Teil der Kriegsbeute nach Rom schaffte. Allerdings handelte es sich tatsächlich um eine Art Kamasutra jener Zeit. Besonders ein Bild ließ sie nicht mehr los, unter dem stand: ‹Atalante, die Meleager mit ihrem Mund Lust bereitet›. Das war ein enormer Schock für die sittenstrengen Bürger Roms: ‹Nicht möglich›, tuschelten sie untereinander, ‹das kann man also auch machen.›»

«Du willst mir doch nicht erzählen, dass sie das nicht kannten?»

«Doch, die waren wirklich so prüde. Nun ja, es mag Zufall gewesen sein, aber von diesem Zeitpunkt an begann der Niedergang des Römischen Reiches. Die Historiker haben die Anekdote mit folgendem Satz überliefert: *Graecia capta ferum victorem cepit*, also: ‹Das eroberte Griechenland eroberte seine barbarischen Bezwinger!›»

«Ach, jetzt soll schon ein Gemälde schuld am Untergang Roms sein!»

«Was soll daran so falsch sein? Clinton hat ja um ein Haar etwas ganz Ähnliches erlebt. Auch da ging es um das Schicksal eines Imperiums – und um einen Sexskandal.»

Alessia wirkt wenig überzeugt. Leider ist sie übergangslos von der Schule in die Verlobung mit dem Papyrologen geschlittert, und in diesem Zusammenhang stelle ich ihr jetzt eine ziemlich direkte Frage: «Es stimmt doch, dass dein Enrico alle zwei Minuten rot wird?»

«Ja, wieso weißt du das?», antwortet sie erstaunt. «Schon bei kleinsten Anspielungen auf das Thema Sex fängt er wie eine Laterne zu leuchten an. Schuld daran ist nur sein Onkel, der Monsignore: Der hat ihn dermaßen verbogen, dass er trotz all seiner Intelligenz mit gewissen natürlichen Aspekten des Lebens einfach nicht umgehen kann.»

«Aldino hingegen …»

«Aldino hingegen weiß überhaupt nicht, was das Wort ‹Scham› bedeutet. Vor ein paar Tagen hat er mich am Telefon bestimmt zum tausendsten Mal gefragt, ob ich das Wochenende mit ihm verbringen will. Und als ich zögerte, meinte er plötzlich: ‹Oder hast du dann etwa deine Tage?›»

«Na ja, eines muss man ihm lassen: Ehrlich ist er ja.»

# ÜBER REISEN UND SEEREISEN

*Lieber Lucilius,*

*Du schreibst mir von Deiner letzten langen Reise und scheinst Dich darüber zu wundern, dass Du bei so vielfachem Ortswechsel nicht die Bekümmerung und die Schwermut Deiner Seele hast vertreiben können. Aber was wunderst Du Dich darüber? Nicht den Himmel musst Du wechseln, sondern Deine seelische Einstellung. Als jemand genau dasselbe wie Du beklagte, erwiderte Sokrates: «Was staunst du, dass dir Reisen nichts nützen, da du dich doch selbst mitnimmst. Es bedrängt dich dieselbe Ursache, die dich in die Ferne getrieben hat.» Und unser Vergil erklärte dazu: «Überquertest du auch den Ozean, deine Laster würden dich überallhin verfolgen.»*

*Welche Erleichterung kannst Du vom Schauen neuer Landschaften erwarten, wenn Du Dich in Deinem Innern nicht verändert hast? Du wanderst hierhin und dorthin, um die tief sitzende Last loszuwerden, die gerade durch die Unrast noch unerträglicher wird, wie auf einem Schiff fest vertäute Ladung wenig Druck ausübt, ungleichmäßig gestaute aber hin und her sich bewegt und eine ruhige Fahrt verhindert. Was immer Du tust, gegen Dich handelst Du, und eben durch die Bewegung schadest Du Dir: Einen Kranken nämlich rüttelst Du auf. Es kommt weniger darauf an, das Ziel der Reise zu kennen als den Hafen, von dem man aufgebrochen ist, und vor allem die Ladung, mit der man sich auf die Reise gemacht hat. Denke immer daran, das Glück hat kein Vaterland. Du kannst es überall finden; es sind nicht die Orte und die Menschen um Dich herum, die über Deine seelische Verfassung entscheiden. Dreißig Tyrannen umstanden Sokrates und konnten seine Seele nicht brechen.*

*Zeit ist es aufzuhören, aber zuvor will ich Dir noch ein Wort mit auf den Weg geben: «Kenntnis der Verfehlung ist der Rettung Anfang.» Hervorragend scheint mir das Epikur gesagt zu haben, denn wer nicht weiß, dass er fehlt, kann sich nicht bessern. Deshalb beherzige den Rat eines Menschen, der Dir sehr gewogen ist: Schlüpfe Dir selbst gegenüber zuerst in die Rolle des Anklägers, dann in die des Verteidigers und zum Schluss erst in die des Richters. Und wenn Du dann das Urteil gehört, nimm es mit heiterem Herzen hin.*

*Dein Lucius Annaeus*

(Seneca, Brief 28)

*Lieber Lucilius,*

*bei ruhigem Seegang legte ich mit dem Ziel Pozzuoli von Neapel ab. Zwar standen schwarze Wolken am Himmel, doch angesichts der Kürze der Überfahrt maß ich dem keine allzu große Bedeutung zu. Doch kaum hatten wir Nisida hinter uns gelassen, kam ein fürchterlicher Sturm auf. Die Wellen türmten sich so hoch, dass sie mehrmals über die Bordwand schlugen. Ich bekam es mit der Angst zu tun und bat den Steuermann, mich irgendwo an Land gehen zu lassen. Doch dieser erwiderte mir, dazu sei die Küste zu zerklüftet, unmöglich könne er einen sicheren Anlegeplatz finden. Es dauerte nicht lange, bis mich zu allem Unglück auch noch eine fürchterliche Übelkeit packte, die-*

*se zähe, endlose Seekrankheit, die die Galle aufbringt, aber nicht sich ergießen lässt. Wieder bat ich den Steuermann, die Küste anzulaufen, flehte und drängte ihn so lange, bis er schließlich versprach, zwar nicht anzulegen, aber sich immerhin so weit anzunähern, dass ich schwimmend das Ufer würde erreichen können. Kaum hatte ich eine kleine Bucht erblickt, sprang ich ins Wasser, im leichten Friesgewand, wie es einem Kaltbader geziemt.*

*Was meinst Du, habe ich erlitten, während ich die Klippen erkletterte, mir einen Weg bahnte? Jetzt verstand ich, warum die Seeleute die Küste bei Sturm so fürchten. Als ich endlich sicheren Grund unter den Füßen hatte, wartete ich, bis sich die Seekrankheit besserte, die nicht sofort verschwindet, wenn man dem Meer entronnen. Ich spürte ein leichtes Fieber, legte mich nieder und hatte nun Muße, darüber nachzudenken, wie unterschiedlich sich doch Krankheiten der Seele und des Leibes bemerkbar machen. Im Körper sind die Schmerzen sehr schnell spürbar; zunächst sind es die Füße, bald schon die Gelenke, die schmerzen. Die Seele hingegen verrät sich nicht mit solch äußeren Anzeichen: Im Gegenteil, je schlechter wir uns fühlen, desto weniger verstehen wir, was in uns vorgeht. Ähnlich wie im Traum verhält es sich – wir nehmen das Geschehen wahr, haben aber keine Möglichkeit, es zu beeinflussen. Warum gesteht sich niemand seine Fehlhaltung ein? Weil er sich immer noch in ihr befindet. Einen Traum zu erzählen ist Sache eines Wachenden, eine Fehlhaltung einzugestehen ist ein Zeichen seelischer Gesundung. Aber wer kann uns aus den Lastern aufrütteln, die uns immer wieder befallen? Die Antwort weißt Du: Es ist, wie immer, die Philosophie. Leb wohl.*

*Dein Lucius Annaeus*

(Seneca, Brief 53)

*Lieber Lucius Annaeus,*

*zwei Briefe am selben Tage, und alle beide gegen das Reisen gerichtet. Nimm es mir nicht übel, aber ich deute dies als weiteres Zeichen dafür, dass Du alt wirst. Als junge Menschen haben wir den Drang, die Welt kennen zu lernen, und keine Unannehmlichkeit ist groß genug, um uns davon abzuhalten. Im Alter jedoch ziehen wir uns Jahr für Jahr mehr in unsere Höhlen zurück. Wir wollen nicht mehr fort von unserem Zuhause, unseren Büchern, unseren eingeschliffenen Gewohnheiten. Wo liegt nun die Wahrheit? Wie immer in der Mitte. Reisen sollte man nur, wenn es unumgänglich ist, und erst nachdem man sich ausreichend erkundigt hat über die Dauer der Reise, über das Wechseln der Pferde auf dem Weg und vor allem über die Wetterbedingungen. So bin ich zum Beispiel überzeugt, dass auch Odysseus für die Seekrankheit anfällig war und dass ihn nur angeborene Klugheit und Vorsicht vor Schlimmerem auf den Meeren bewahrte. Im Übrigen teile ich Deine Ansicht: Wenn möglich, sollte man weite Reisen vermeiden. Und für alle gelte die Maxime: «Der schönste Tag der Reise ist der Tag der Rückkehr.»*

*In diesem Zusammenhang möchte ich Dir nun von einer Reise berichten, die ich letzten Monat unternahm. Ich musste mich nach Agrigent begeben, wegen einer Klage, die ein gewisser Terenzius Saturninus gegen seinen Nachbarn Vitellius Rufus angestrengt hatte. Gerne hätte ich die Reise vermieden, doch konnte ich mich nicht entziehen, denn Vitellius' Vater, mit dem ich einst in Pompeji studierte, hatte mich eindringlich gebeten, seinem Sohn beizustehen. Nun, um es kurz zu machen, während der Fahrt wurden wir von einem Schwarm wild gewordener Mücken angefallen, die uns von Kopf bis Fuß mit Stichen eindeck-*

*ten. Ein Jüngling in meiner Begleitung mit einer wahrscheinlich besonders empfindlichen Haut wäre wohl gestorben, hätten die Sklaven des Vitellius Rufus seinen geschundenen Körper nicht, kaum in Agrigent angekommen, mit lindernden Salben behandelt. Wer hatte nun Schuld an dem Zwischenfall? Die Stechmücken? O nein, es war ganz allein unsere Schuld. Die Stechmücken kamen ja nicht zu uns, sondern wir zu ihnen. So war es ihr Recht, sich zu verteidigen und unsere Leiber mit ihren giftigen Stacheln zu traktieren. Leb wohl.*

*Dein Lucilius*

## Pascal und die Malediven

«Du kannst dir gar nicht vorstellen, wie sehr ich die Ansicht unserer Freunde teile!», sage ich zu Alessia. «Nichts auf der Welt hasse ich so sehr wie Reisen. Von Seereisen ganz zu schweigen. Die meide ich wie die Pest.»

«Mir geht es genau umgekehrt», entgegnet Alessia. «Wenn ich könnte, würde ich nichts anderes tun als reisen. Ich möchte auf die Malediven, nach Ägypten, nach Kenia, auf die Karibischen Inseln, irgendwohin, wo es schön ist und ich Rom mit seinem Smog und seinem Verkehrschaos vergessen kann.»

«Weißt du, was Pascal dazu gesagt hat?»

«Nein, was denn?»

«‹Alles Leid der Welt rührt nur von der Tatsache her, dass niemand zu Hause bleiben will.› Und damit hat er vollkommen Recht. Nehmen wir mal dein erstes Reiseziel: die Malediven. Ich bin schon mal dort gewesen. Eine Gruppe von Inselchen, alle gleich, fünfhundert Meter lang, außen Sandstrände, in der Mitte Palmen. Stell dir mal vor, wir beide wären morgen früh plötzlich dort. Was würden wir als Erstes tun?»

«Ein herrliches Bad im Meer nehmen.»

«Und nach einer halben Stunde?»

«Dann legen wir uns in die Sonne.»

«Und nach einer weiteren halben Stunde?»

Alessia antwortet nicht, vielleicht nur, weil sie noch nicht verstanden hat, worauf ich hinauswill.

«Jedenfalls würde ich mich», fahre ich fort, «nach dem zweiten Bad im Meer, so herrlich es auch sein mag, ohne meine Morgenzeitungen einfach zu Tode langweilen …»

«… einverstanden», fällt mir Alessia ins Wort, «aber du wärst ja nicht allein. Ich wäre ja bei dir und würde dir Gesellschaft leisten.»

«Eben, genau das wollte ich von dir hören», rufe ich triumphierend aus. «Dann können wir also festhalten, dass das Schöne am Verreisen nicht das Reiseziel ist, in unserem Fall die Malediven, sondern die Reisebegleitung, deine Gesellschaft also. Einmal lud jemand Sokrates zu einem Spaziergang zum Kap Sunion ein, und der Philosoph lehnte, ohne lange zu überlegen, ab. Da beschrieb der andere die Naturschönheiten, die sie dort würden sehen können: ‹Wisse, o Sokrates, dass der Sonnenuntergang am Kap Sunion seiner phantastischen Farben wegen in der ganzen Welt berühmt ist. Außerdem stehen dort jahrhundertealte Bäume, und ein tiefblaues Meer …› ‹Sei versichert›, unterbrach ihn Sokrates, ‹dass mich weder der Sonnenuntergang noch die Bäume oder das Meer interessieren. Die einzige Reise, die mich noch interessiert, ist die in die Seelen der Menschen, und da es hier in Athen so viele Menschen gibt, wüsste ich nicht, warum ich mich zum Kap Sunion begeben sollte!›»

Alessia blickt mich skeptisch an. «Wenn ich also vorschlage, dass wir morgen zusammen zu den Malediven fliegen, dann würdest du mir einen Korb geben?»

«Nein, ich würde natürlich mitkommen», antworte ich. «Aber ich würde auch mitkommen, wenn wir nach Cinisello Balsamo fahren.»

# ÜBER DIE BEDEUTUNG DES LESENS

*Lieber Lucilius,*

*hoffnungsvoll stimmt mich, was Du mir schreibst, sowie auch das, was man mir über Dich berichtet. Offensichtlich studierst Du emsig, und, was noch wichtiger ist, hast Du Deine Lieblingsautoren gefunden. Die Lektüre vieler verschiedener Autoren und Bücher bringt ja häufig etwas Planloses und Unstetes mit sich. Bei bestimmten Geistern muss man verweilen und sich von ihnen durchdringen lassen, damit ihre Gedanken in der Seele einen festen Platz finden. Wer überall sein will, ist nirgendwo zu Hause. Wer ständig umherschweift, findet viele Reisebekanntschaften, aber nur sehr wenige Freunde. Und ebenso sind jene zu tadeln, die zu schnell lesen. Vergleichbar sind sie mit Menschen, die sich nach dem Mahl sogleich erbrechen und der Nahrung keine Zeit geben, den Organismus zu stärken, oder mit jenen, die fortwährend neue Arzneien zu sich nehmen in der Hoffnung, dass sie wirksamer als die alten seien.*

*Zu viele Bücher schaffen Verwirrung. Und da Du nicht alle Bücher lesen kannst, die Du besitzen könntest, ist es genug, das zu besitzen, was Du lesen kannst. «Aber ich möchte doch», wirst Du einwenden, «bald dieses Buch aufschlagen, bald jenes, bevor ich mich einem ganz zuwende.» Nun, das will ich Dir auch gerne zugestehen, unter der Voraussetzung jedoch, dass Du dann, nachdem Du sie durchgesehen, Deine Auswahl triffst. Ein verwöhnter Ma-*

*gen neigt dazu, vieles zu kosten, doch zu viel Nahrung nährt nicht mehr, sondern verdirbt den Appetit. Daher lies stets anerkannte Autoren, und wenn es Dich einmal zu anderen hingegezogen hat, kehre danach zu den früheren zurück. Aus diesen nimm Dir etwas heraus, das Du an jenem Tag Dir ganz zu Eigen machen willst. So mache ich es auch selber: Aus vielem, was ich gelesen habe, mache ich mir etwas zu Eigen. Heute ist es etwas, was ich bei Epikur gefunden habe. «Eine ehrenhafte Sache», sagte er, «ist freudige Armut.» Ein schöner Gedanke, der aber etwas ungenau ist. Denn eine Armut, die freudig angenommen wird, ist schon gar keine Armut mehr. Nicht, wer zu wenig besitzt, ist arm, sondern wer zu viel begehrt. Was nützt es, Truhen voller Goldmünzen oder mit Korn gefüllte Speicher zu besitzen, wenn man weiterhin nach fremdem Eigentum trachtet, sich also nicht an vorhandenem, sondern an beabsichtigtem Besitz orientiert? Was ist des Reichtums Maß?, fragst Du. Zuerst haben, was nötig ist, sodann, was genug ist. Leb wohl.*

*Dein Lucius Annaeus*

(Seneca, Brief 2)

*Lieber Lucius Annaeus,*

*selbstverständlich habe ich meine Lieblingsautoren, darunter den unvergleichlichen Vergil und den melancholischen Ovid der «Trauerlieder». Dennoch würde ich, seitdem ich die Freude an der Literatur entdeckt habe, am liebsten alles lesen, was bisher auf Erden geschrieben wurde, denn jedes einzelne Buch, auch das schlichteste, regt mich noch zu neuen Gedanken und Überlegungen an.*

*Wirft man einen Stein in einen Weiher, ziehen auch die kleinsten Wellen immer größere Kreise, und ebenso weckt jedes Buch in mir den Drang, das Thema, über das ich gerade gelesen habe, weiter zu vertiefen.*

*Gerade gestern las ich ein Buch über die griechische Götterwelt. Der Autor ist ein gewisser Chrysippides, der mir bis dahin vollkommen unbekannt war. Was mich zum Lesen verleitete, war der Titel des Buches: «Zum Glück stirbt man». Darin versammelt sind eine Reihe von Geschichten, in denen der Tod nicht mehr als Strafe erscheint, sondern als Gnade, die die Götter den Unglücklichsten zugestehen. Besonders gerührt hat mich das traurige Schicksal des Tithonos. Dieser war ein junger Fischer, in den sich die Göttin Aurora unsterblich verliebte. Da ihr Zeus nur einen einzigen Wunsch zugestand, wählte und erlangte sie Unsterblichkeit für den Jüngling, vergaß dabei aber, gleichzeitig auch um ewige Jugend zu bitten. Und so kam es, dass Tithonos zwar nicht starb, aber mit der Zeit seine Schönheit verlor und Jahr für Jahr immer älter und unansehnlicher wurde. Eines Tages konnte die Göttin den Anblick nicht länger ertragen, und so verbarg sie ihn in einer finsteren Höhle, wo sie ihn durch ein kleines Loch im Fels mit Nahrung versorgte. Eine Geschichte, die mich sehr nachdenklich stimmte und die ich, wie gesagt, im Buch eines Unbekannten entdeckte. Und jetzt drängt es mich, es Dir zu schicken. In Erwartung einer Antwort sage ich Dir, wie immer, Lebwohl.*

*Dein Lucilius*

*Lieber Lucilius,*

*ich habe das Buch erhalten, das Du mir versprochen hast. Vielen Dank. Anfangs hatte ich, offen gestanden, kein großes Verlangen, es wirklich zu lesen, und öffnete es nur, um einen Vorgeschmack zu bekommen. Doch bald schon nahm es mich derart gefangen, dass ich es nicht mehr aus der Hand legen konnte. Obwohl es sich um ein umfängliches Werk handelt, schien es mir kurz, so vorzüglich und flüssig fand ich es formuliert. Ja, auf den ersten Blick hätte es von Titus Livius oder Epikur stammen können. So las ich es also ohne Unterbrechung zu Ende. Die Sonne lud mich ein, der Hunger mahnte mich, Wolken drohten: Dennoch habe ich es ganz verschlungen. Und als ich fertig war, rief ich aus: «Welch ein Buch! Wie viel Geist enthält es, wie viel Herz, wie viel Schwung!» Und auch der Stoff selbst ist fruchtbar. Aber damit nun genug. Mehr werde ich Dir über das Buch schreiben, wenn ich mich noch einmal damit beschäftigt habe. Jetzt hat sich mein Urteil noch zu wenig gesetzt. Leb wohl.*

*Dein Lucius Annaeus*

(Seneca, Brief 46)

*Lieber Lucius Annaeus,*

*Dein letzter Brief hat mich wirklich glücklich gemacht. Du hast mir geschrieben, dass Du das Buch, das ich Dir sandte, nicht mehr aus der Hand legen konntest, und darüber freue ich mich sehr.*

*Zunächst scheint das Lesen ja eine einsame Angelegenheit zu sein, der man in der Abgeschlossenheit eines*

*Raumes nachgeht. Doch sobald ein Buch weitergereicht wird, entsteht ein Meinungsaustausch mit anderen, der Auskunft darüber gibt, ob uns eine ähnliche Sicht auf die Welt eint. Wie erfüllend ist es doch, mit jemandem über ein Buch reden zu können, das beiden gefallen hat. Es ist wie eine gemeinsame Reise in ein unbekanntes Land: Ein jeder genießt das Staunen des anderen. Und wenn der andere dazu noch ein Freund ist, ist die Freude noch mal so groß.*

*Was diesen Aspekt des Lesens betrifft, schließe ich mich absolut nicht der Meinung des Sokrates an. Du erinnerst Dich wohl, dass der Philosoph in dem Dialog* Phaedrus *scharfe Kritik am Gott Theuth, dem Erfinder der Zahlen, der Würfel und der Schrift, übt und ihm vorwirft, ein abscheuliches System ersonnen zu haben, das die Menschheit in tiefste Unwissenheit zurückführen werde. Indem er darauf baue, dass sich alles Wissenswerte in den Büchern finden lasse, schule der Mensch nicht mehr sein Gedächtnis und werde schließlich den Gebrauch des Gehirns ganz vergessen. Es sei besser, mit einem anderen Menschen zu sprechen, als ein Buch zu lesen, behauptet Sokrates, da ein Mensch im Gegensatz zu einem Buch Einwände erheben könne: Ein Buch aber antworte immer auf dieselbe Weise, so eben, wie es schon beim ersten Lesen geantwortet habe. Es verhalte sich genau genommen wie eine Marmorstatue, der man auch keine Fragen stellen könne. Offensichtlich unterschätzt Sokrates hier aber das Buch als Band zwischen zwei Menschen, die sich schätzen. Uns beiden zum Beispiel dient ein Buch jetzt dazu, weitere Gemeinsamkeiten zu entdecken. Da es Dir und auch mir gefallen hat, wissen wir, dass wir uns auch darin ähnlich sind. Und darüber freue ich mich. Leb wohl.*

*Dein Lucilius*

# Lesen und Phantasieren

«Stimmt es, dass Sokrates nicht viel vom Lesen hielt? Oder hat Lucilius sich das ausgedacht?», fragt mich Alessia.

«Natürlich stimmt das, und man weiß auch den Grund dafür: Sokrates konnte nämlich nicht schreiben und hegte gegenüber der schriftlichen Fixierung ein ähnliches Misstrauen wie viele unserer älteren Schriftsteller gegenüber dem Computer. Es ist völlig sinnlos, ihnen die Vorteile eines Textverarbeitungsprogramms zu erklären: Dieses Medium gehört einfach nicht zu ihrer Generation und wird deshalb mit Skepsis betrachtet, wenn nicht sogar mit Angst.»

«Also du stehst wohl nicht auf Kriegsfuß mit dem Computer, oder?»

«Nein, natürlich nicht. Ich bin praktisch mit Computern aufgewachsen. Im April 1960 habe ich mit dem Programmieren angefangen, und der erste Computer, den ich unter den Fingern hatte, war der IBM 1401. Er verfügte über zweitausend Speicherplätze, arbeitete mit Lochkarten und war so groß wie ein sechstüriger Schlafzimmerschrank. Außerdem versagte er alle halbe Stunden den Dienst, aber er konnte ohnehin nur addieren und substrahieren. Wollte man multiplizieren, musste man ihm lange und geduldig zureden. Aber apropros Lesen. Liest du eigentlich viel?»

«Ja, schon, obwohl ich mir manchmal wünsche, ich könnte selbst über meine Lektüre entscheiden.»

«Du willst mir doch nicht sagen, dass Enrico dir bestimmte Bücher, die ihm gefallen haben, aufnötigt?»

«Doch, irgendwie schon. Angefangen hat er mit dem Beziehungsratgeber *Leben, lieben, einander verstehen* von Leo

Buscaglia, aber das war ja noch nicht so schlimm. Vor drei Wochen dann hat er mir die *Geständnisse eines Achtzigjährigen* von Ippolito Nievo[1] in die Hand gedrückt. Ich habe nur ein paar Seiten gelesen, aber ich kann dir sagen – nicht auszuhalten, ein furchtbar öder Schinken. Gestern habe ich es Enrico auch ganz offen ins Gesicht gesagt: ‹Enrico, dieses Buch werde ich erst lesen, wenn ich selbst achtzig bin.› Na ja, und wie sieht es bei dir aus? Du liest sicher sehr viel!»

«Wie man's nimmt. Meinen letzten Roman habe ich vor vielleicht fünf Jahren gelesen», räume ich ziemlich verlegen ein. «Tagsüber habe ich so viele Quellen und Sekundärliteratur für meine eigenen Bücher zu bearbeiten, dass mir abends der Kopf dröhnt und ich kein Buch mehr sehen mag. Aber wehmütig erinnere ich mich an die Zeiten, als ich all die großen russischen Schriftsteller von Tschechow bis Gogol, von Dostojewski bis Tolstoi verschlang. Dann vernarrte ich mich in die amerikanische Literatur, in Autoren wie Hemingway und Steinbeck, aber auch in die südamerikanischen wie García Marquez und Jorge Amado. Und zuletzt kamen dann die Engländer dran, besonders Bertrand Russell und Robert Graves. Aber ich bin voll und ganz deiner Meinung: Es ist eine Unart, Bücher, die einem selbst gefallen haben, anderen aufzwingen zu wollen. Der sicherste Weg, Schülern das Lesen zu verleiden, besteht darin, sie zur Lektüre eines bestimmten Buches zu verpflichten. Sie werden es hassen. Ideal wäre es, sagen wir, ein Dutzend vorzustellen und den Schülern die Auswahl zu überlassen. Fast jede Lektüre ist geeignet, Hauptsache, die Jungen und Mädchen werden mit dem Lesen vertraut. Auch Krimis von Agatha Christie, Liebesgeschichten von

[1] Kämpfer für die italienische Einheit, Waffengefährte von Garibaldi (A.d.Ü.)

Liala oder Romane von Simenon, ja, vor allem die Romane von Simenon.»

«Ganz genau», pflichtet Alessia mir bei. «Aber nehmen wir einmal an, du solltest einen Schüler davon überzeugen, dass ihm ein Buch mehr geben kann als eine Daily Soap. Wie würdest du argumentieren?»

«Ich würde ihm sagen, dass eine Soap-Opera seiner Phantasie keinen Raum lässt. Er sieht alles: die Gesichter der Darsteller, die Kostüme, die Schauplätze … Bei einem Buch aber kann er sich, egal, wie gut der Autor schreibt, gewisse Dinge nur vorstellen. So wird seine Phantasie angeregt und kann sich weiterentwickeln. Liest er den Roman *Schuld und Sühne*, muss er sich das hochmütige und später verzweifelte Gesicht des jungen Raskolnikow vorstellen oder auch das der alten Wucherin, die er so kaltblütig umbringt. Sieht er dagegen eine entsprechende Fernsehverfilmung, kann er nebenbei noch andere Dinge tun, zum Beispiel Erdnüsse knabbern oder telefonieren. Mit anderen Worten: Während der Leser geistig tätig ist, ist der Fernsehzuschauer nur ein träges Tier.»

# ÜBER DIE BIENEN

*Lieber Lucilius,*

*weißt Du, dass uns Bienen ein Vorbild sein können? Ja, sie sind die fleißigsten Tiere überhaupt. Rastlos fliegen sie von Blüte zu Blüte, saugen sie aus, ordnen sodann, was sie eingebracht haben, verteilen es auf die Waben und häufen, wie es unser Vergil sagt, «flüssigen Honig an und füllen mit süßem Nektar die Zellen». Nun sind ja manche der Ansicht, die Bienen transportieren nur den Honig, der sich schon fertig in den Blüten befinde, andere sagen, die Biene sei in der Lage, den süßen Stoff selbst herzustellen. Doch ich schweife ab. Vorbild sollen uns diese Insekten sein, sagte ich: Aus verschiedenen Lektüren tragen wir von jedem Autor das Beste zusammen und lassen dann mit der Sorgfalt und dem Einfallsreichtum unseres Verstandes jene verschiedenen Lesefrüchte zu einem einzigen neuen Geschmack zusammenfließen. Dabei mindert es nicht unsere Leistung, wenn man den Autor erkennt, von dem wir eine Anregung übernommen haben. Erkennen wir nicht auch beim Sohn die Gesichtszüge seines Vaters? Wichtig ist allein, dass das Resultat der Menschheit nützt. Ähnliches geschieht ja auch, wenn wir uns zu Tisch legen: Hungrig führen wir unserem Körper Nahrung zu, die die Verdauungssäfte dann in Blut und Kräfte verwandeln.*

*Um es noch anschaulicher zu machen: Aus den Stimmen vieler Sänger besteht ein Chor. Dennoch ertönt nur ein Klang aus ihnen allen. Eine Stimme dort ist hoch, eine andere tief, eine dritte mittel; es treten zu den Männern*

*Frauen hinzu; dazwischen erklingen Flöten. Des einzelnen Sängers Stimme lässt sich da nicht erkennen, die Stimmen aller werden hörbar. So soll es auch mit unserem Geist sein: In ihm wirken viele Wissenschaften, viele Lebensregeln, vieler Epochen Beispiele, zu einer Einheit harmonisch verschmolzen. «Wie», fragst Du, «kann das erreicht werden?» Ganz einfach: durch die Philosophie. Höre auf Deine Vernunft, o Lucilius, und sie wird Dir sagen: Gib endlich diese Dinge auf, denen alle nachlaufen, gib den Reichtum auf, meide die allzu Ehrgeizigen. Diese sind nichtige, windige Gestalten, die keine Grenzen kennen, an ständiger Missgunst leiden und danach gieren, beneidet zu werden. Ihre Häuser sind erfüllt vom Gezänk Gunst haschender Besucher. Niemals werden sie ein glückliches Leben führen, denn ihr Geist ist der Weisheit verschlossen. Leb wohl.*

*Dein Lucius Annaeus*
(SENECA, BRIEF 84)

*Lieber Lucius Annaeus,*

*beim Studium von Pythagoras, Empedokles und Platon las ich von der Theorie der so genannten Metempsychose, nach der ein jeder von uns nach seinem Tod entsprechend seiner Lebensführung als ein anderes – höheres oder niedrigeres – Lebewesen wieder geboren werden kann. Platon behauptet, die Seele des Menschen sei vergleichbar mit einem Wagenlenker auf einer Biga, die von zwei Pferden gezogen wird. Das eine ist von hervorragender Rasse und müht sich, die Seele in die Höhe zu ziehen, das andere eine Mähre, die die Seele hinabzuziehen versucht. Behält im*

*Laufe des Lebens das schlechtere Pferd die Oberhand, wird der Mensch nur noch als Frau wieder zur Welt kommen. Gleitet die Seele in deren Leben wiederum noch weiter hinab, wird der nächste Leib der eines Tieres sein. Und auch unter den Tieren gibt es eine Rangfolge, die sich nach ihren speziellen Eigenschaften richtet. Da solltest Du nun wissen, dass sich die Biene auf den letzten Plätzen befindet. Aber kann das verwundern? Die Biene ist bloß eine Sklavin, die jeden Tag die gleiche Arbeit verrichtet, ohne sich je zu fragen, für wen und zu welchem Zweck. Daher wirst Du wohl verstehen können, dass ich in einem anderen Leben lieber im Körper eines wilden Löwen, eines majestätischen Adlers oder eines flinken Delphins wieder geboren werden möchte als in dem einer einfachen Biene.*

*Um nun zu Deiner Überlegung zu kommen, die Biene könne uns ein Vorbild sein: Ich halte es für gar nicht so erstrebenswert, von Blüte zu Blüte zu fliegen. Du selbst hast mir kürzlich erst in einem Brief dazu geraten, mich nicht unter allzu vielen Schriftstellern zu verzetteln, sondern mich auf wenige zu konzentrieren. Nicht beeinflussen lassen sollen wir uns von den Mittelmäßigen, sondern nur die Gedanken der Besten zusammentragen, um mit unseren Werken den Nachfahren Bleibendes zu hinterlassen. Wenn wir also heute, als Lebende, Bienen sind, so werden wir morgen, nach unserem Hinscheiden, Blüten sein, aus denen die Bienen der Zukunft ihren Honig naschen können. Leb wohl.*

*Dein Lucilius*

## Philosophische Ignoranz

«Dieser Lucilius bringt mich wirklich immer mehr auf die Palme!», ruft Alessia aus. «Ich weigere mich zu glauben, dass Platon einen derartigen Schwachsinn geschrieben hat! Die Seele des Mannes, die sozusagen als Bestrafung in einer Frau wieder geboren wird … Dass ich nicht lache …»

«Es stimmt aber. Lies einfach mal in Platons *Timaios* nach», antworte ich, voller Genugtuung, was ich mir natürlich nicht anmerken lasse. «Du als Frau bist ein Wesen auf halbem Weg zwischen Mann und Tier …»

«… und du als Mann bist das widerwärtigste Tier, das man sich vorstellen kann.»

«Du brauchst dich gar nicht so zu ereifern: Ob es dir nun passt oder nicht, in der Antike galt die Frau eben nicht viel mehr als ein Haustier. Denk doch mal daran, wie Sokrates seine Frau behandelt hat, als sie ihn im Kerker besuchte. Er wandte sich an die Wächter und bat sie, sie fortzuschaffen. ‹Seid bitte so freundlich und haltet mir diese Frau vom Leib›, sagte er. ‹Mit ihrem Gejammer stiehlt sie uns nur die Zeit. Und wir haben Wichtiges zu besprechen.›»

«Und das gefällt dir?»

«Ich habe nicht gesagt, dass mir das gefällt, ich wollte dich nur daran erinnern, wie die Frauen in der Antike behandelt wurden. Und nicht nur in der Antike. Diskriminierung alles Weiblichen hat es leider zu allen Zeiten gegeben. Aber hier geht's doch um etwas anderes. Lucilius hat überhaupt nicht verstanden, was Seneca ihm sagen will: Die eigentliche Aufgabe der Bienen besteht nicht darin, den Nektar hin und her zu tragen, sondern ihn in Honig zu verwandeln.»

«Ja, er sagt aber auch, dass man, wenn man die Gedanken anderer Autoren als seine eigenen ausgibt, Gefahr läuft, als Plagiator betrachtet zu werden.»

«Wenn man von einem einzigen Autor abkupfert, ganz sicher. So ein Plagiat ist sogar eine Straftat. Schreibt man hingegen von vielen Autoren ab, nennt man das ‹Forschung›. Das ist dann eine ganz respektable Angelegenheit. Ich zum Beispiel forsche sehr viel!»

# ÜBER DEN TOD

*Lieber Lucilius,*

*eine Zeit lang ließ mich die Krankheit in Frieden, und nun plötzlich hat sie mich wieder überfallen. Welche Krankheit, fragst Du? Gewiss, Deine Frage ist verständlich, habe ich doch schon jede, oder fast jede Krankheit am eigenen Leibe kennen gelernt. Zuletzt war es nun Asthma, eine Erkrankung, bei der uns, wie Du weißt, noch die kleinste Bewegung schwer fällt. Warum wir für diese Krankheit den griechischen Begriff verwenden, habe ich nie verstanden, könnte man sie doch ganz einfach und hinreichend als «Atemnot» bezeichnen.*

*Sehr kurz, aber einem Wirbelsturm ähnlich ist der Anfall. Eine Stunde vielleicht, aber während dieser Stunde erfährt man, was es heißt zu sterben. Nicht zufällig haben Ärzte diese Krankheit «Einübung des Todes» genannt. Am schlimmsten ist es, wenn man spürt, wie man erstickt, und noch nicht weiß, ob man je wieder zu Atem kommen wird. Glaube mir, o Lucilius, ich erzähle Dir das nicht etwa, weil ich darüber frohlocke, noch einmal davongekommen zu sein. Das wäre töricht von mir. Ich verhielte mich wie jener, der glaubt, einen Prozess gewonnen zu haben, nur weil die Verhandlung um einige Tage verschoben wurde. Früher oder später wird mich das Asthma besiegen, es sei denn, ein Kollege kommt ihm zuvor, der – auch ohne griechischen Namen – noch entschlossener zupackt.*

*Meiner Überzeugung nach ist jede Krankheit ein Vorgriff auf den Tod. Die Natur will uns auf die Probe stellen, um zu sehen, ob wir uns fürchten. Aber ich fürchte mich nicht: Schon lange kenne ich den Tod, lernte ich ihn doch schon vor meiner Geburt kennen, und er lässt mich vollkommen gleichgültig. Der Tod ist nichts anderes, als nicht zu leben, und so wenig wie ich vor meiner Geburt litt, werde ich nach meinem Tode leiden. Ich frage Dich: Wäre es nicht überaus töricht zu meinen, einer Lampe gehe es schlechter, wenn sie gelöscht ist, als bevor sie angezündet wurde? Auch wir werden angezündet und gelöscht. Und nur in der Zwischenzeit erdulden wir etwas, vorher und nachher aber ist tiefe Geborgenheit. Was macht es für einen Unterschied, ob Du nicht beginnst oder aufhörst, da doch von beidem das Ergebnis ist, nicht zu existieren? Leb wohl.*

*Dein Lucius Annaeus*

(SENECA, BRIEF 54)

*Lieber Lucius Annaeus,*

*es tut mir Leid, erfahren zu müssen, dass es Dir nicht gut ging. Auch ich werde von gesundheitlichen Problemen nicht verschont. Seit einiger Zeit schon leide ich unter heftigen Schwindelanfällen, die, nach Aussage meiner Ärzte, auf einen zu schnellen Pulsschlag zurückzuführen sind. Nun ist, wie Du weißt, mein Amtssitz hier in Sizilien hoch oben auf einem Hügel gelegen. Und so bin ich gezwungen, jeden Morgen gut und gerne hundertzwanzig Stufen zu erklimmen. Glaube mir, endlich oben angekommen, bin ich vollkommen außer Atem, und häufig muss ich schon auf halber Treppe stehen bleiben, um zu verschnaufen. Die von mir aufgesuchten Ärzte wussten sich trotz ihres unbestreitbaren Könnens keinen anderen Rat, als mir Aderlässe zu verordnen. Widerliche Blutegel wurden mir auf den Bauch gesetzt, die mir literweise Blut absaugten. Der Erfolg war bescheiden. Eines Tages dann stieß ich selbst auf die Ursache für meine Beschwerden: Ich bin fett, viel zu fett; um zu gesunden, hätte es ausgereicht, einfach weniger zu essen. Wie Du siehst, wird der Philosoph, wenn er seinem Schüler zur Abkehr von den Genüssen des Gaumens rät, schließlich auch noch zum Arzt. Die Natur mag keine Übertreibungen, und so, wie sie die allzu Mageren sterben lässt, so verschont sie auch die allzu Fetten nicht.*

*All das hat jedoch nichts mit dem Tod zu tun. Ich stimme mit Dir überein, dass das Leid nur in jenem Zeitraum auftritt, der zwischen unserem Austritt aus einer Höhle und unserem Eintritt in eine andere verstreicht. Dennoch frage ich mich und auch Dich: Wäre es vorzuziehen, niemals zu leiden, das heißt also, im absoluten «Nicht-Sein» zu leben, oder aber weiterhin zu «sein», das aber mit einer Reihe kleinerer Beschwerden? Mein lieber Freund, was ist also der Tod? Leb wohl.*

*Dein Lucilius*

## In netter Gesellschaft

«Das kommt auf die Beschwerden an», bemerkt Alessia trocken. «Wenn es sich bloß um kleinere Wehwehchen handelt, Schwamm drüber, kommen aber diese entsetzlichen Krankheiten ins Spiel, deren Namen ich noch nicht einmal in den Mund nehmen will, dann finde ich es besser, ‹nicht zu sein›.»

«Man merkt, dass du in letzter Zeit viel Seneca gelesen

hast. Immer wieder geht es um den Tod. Eigentlich hat Seneca ja nichts anderes im Kopf. Kein Wunder, dass er sich schließlich selbst umgebracht hat! Du bist jung und kannst das noch nicht verstehen, aber hat man erst mal die Siebzig überschritten, denkt man jeden Tag an den Tod. Wehe, man blättert in einem Familienalbum oder trifft einen früheren Arbeitskollegen. Bei jedem Namen, den man erwähnt, läuft man Gefahr, hören zu müssen: ‹Tja, der Ärmste, der ist leider auch schon gegangen.›»

«Genau daran habe ich gestern Abend denken müssen. Im Fernsehen lief der Film *C'era una volta Hollywood*, und in einer Szene sieht man an die Hundert der großen Stars von Metro Goldwyn Mayer an einem Tisch versammelt, Judy Garland, Fred Astaire und so weiter, alle schon tot oder mit einem Bein im Grab.»

«Eigentlich richtet Seneca ja seine Briefe weniger an Lucilius als vielmehr an den Tod. Lucilius ist der Mittelsmann, über den er seine Fragen stellt: Warum stirbt man? Warum leidet man? Warum ist das Leben so kurz?»

«Hör auf», protestiert Alessia, «du willst mir wohl Senecas Briefe verleiden!»

«Aber nein; der Tod kann doch auch etwas Schönes sein, ein erstrebenswertes Ziel. Wenn ich ans Paradies denke, sehe ich einen Garten voller Blumen vor mir, in dem die Gesellschaft jeden Tag fröhlicher und anregender wird. Ich stelle mir vor, wie sie um einen Brunnen herum sitzen, Totò, Eduardo, Peppino, Walter Chiari und Tognazzi, wie sie sich gegenseitig auf den Arm nehmen und die Neuigkeiten der Tagesschau kommentieren. Und da es sich um die Ewigkeit handelt, wäre genug Zeit, mit allen zu reden. Ich würde mich dann zu Federico Fellini setzen und mir von ihm erzählen lassen, wie er das Paradies gestaltet hätte, wäre er an Gottes Stelle gewesen.»

# ÜBER DIE WAHRHEIT

*Lieber Lucilius,*

*beginnen will ich mit einem wichtigen Rat, den Du niemals vergessen solltest: Das Einzige im Leben, wonach sich zu streben lohnt, ist die Wahrheit. Und diese geht Hand in Hand mit der Tugend. Suche sie stets mit Entschlossenheit, und Du wirst es nicht bereuen. Wie sollen wir sie finden, fragst Du? Die Antwort fällt mir nicht schwer. Wir müssen uns der Philosophie als Schlüssel bedienen. Alles andere bringt uns nur vom rechten Weg ab, besonders dann, wenn wir unser Leben nach falschen Genüssen ausrichten. Früher oder später würden wir leiden, weil sie nichts Dauerhaftes sind und wir sie wieder verloren haben. Wie viele Menschen beweinen doch etwas, das sie nicht festhalten konnten. Der eine verzweifelt daran, weil ihm ein Sohn gestorben ist, ein anderer, weil ihn die Gesundheit im Stich lässt, wieder ein anderer, weil ihm Erfolg in der Politik versagt ist, weil ein geliebter Mensch ihn verlassen hat oder weil er sich nach der Frau eines anderen verzehrt. Am schlimmsten leiden jedoch jene, die sich vor dem Tod fürchten. Man mag gar nicht glauben, wie solche Menschen die Fassung verlieren, auch wenn der Tod sie nur gestreift hat. Mit Entsetzen reagieren sie auf die Mitteilung vom Hinscheiden eine Freundes, eines Verwandten oder auch nur eines Gleichaltrigen, so, als erführen sie zum ersten Mal von der Existenz des Todes. Und das Gleiche, jedoch unter gegensätzlichen Vorzeichen, widerfährt jenen, die das Schicksal begünstigt.*

*Viele, die kein Unglück ereilt, sondern, im Gegenteil, ein unerwartetes Geschenk erhalten, können sich an diesem Glück nicht freuen. Stattdessen grämen sie sich sogar, weil sie eigentlich noch mehr wollten, vielleicht auf Kosten eines anderen, der es nötiger hatte. So verwandeln sie ein mögliches Gefühl des Glücks in ein sicheres des Ärgers, ohne auch nur einen Augenblick daran zu denken, dass ein Maximum im Leben niemals zu erlangen ist. Hier unterscheidet sich der tatsächliche Weise vom falschen. Ein wahrer Philosoph verzweifelt nicht, wenn ihm ein Unglück widerfährt, genauso wenig wie er über die Maßen jubiliert, wenn ihm unerwartete Wohltaten zuteil werden.*

*Wenn wir es uns genau überlegen, kommen wir zu dem Schluss, dass die Götter wenig von den Gütern besitzen, an denen wir Menschen uns hin und wieder erfreuen können. Weder Geschlechtslust noch Tafelfreuden noch Reichtum noch etwas von dem, was die Menschen ködert und zu billiger Lust verführt, reicht an sie heran. Also müssen die Menschen, da sie dieser Dinge teilhaftig werden können, entweder glücklicher sein als die Götter, oder aber es handelt sich bei diesen Genüssen gar nicht um wahre Güter. Bedenke nun noch, dass vieles, das als Gut erscheinen will, den Tieren reicher zur Verfügung steht als den Menschen. Sie fressen die Nahrung gieriger, von der Liebe werden sie nicht in gleicher Weise ermattet, und auch an Kraft sind sie uns überlegen. Folglich müssten sie glücklicher sein als die Menschen. Denn ohne Schlechtigkeit, ohne Trug verbringen sie das Leben; sie erfreuen sich der Lust, die sie in höherem Maße genießen und mit Leichtigkeit ohne irgendwelche Scham und Reue. Überlege Du daher, ob das ein Gut genannt werden darf, was die Menschen über die Götter stellt und die Tiere über die Menschen. Es wäre, als behaupte man, die Tiere stehen über den Göttern.*

*Nein, wahre Güter sind allein das, was die Vernunft gibt, fest begründet und dauerhaft; Güter, die nicht fallen können, nicht abnehmen und geringer werden. Also, liebe die Vernunft und liebe die Wahrheit! So wirst Du alle Widrigkeiten des Lebens meistern. Verlierst Du einen treuen Freund, heißt das nicht, dass ihn ein untreuer ersetzen wird. Verlierst Du einen lieben Sohn, heißt das nicht, dass der Sohn, der Dir bleibt, von üblem Charakter sein wird. Denn der Platz des wohlgeratenen verstorbenen Sohnes wird ausgefüllt, weil die sittliche Vollkommenheit keinen leeren Raum kennt. Nur auf eine Weise geht ein Gut zu Grunde – wenn es in ein Übel übergeht. Aber das duldet die Natur nicht, weil die sittliche Vollkommenheit, die Wahrheit also, insgesamt unzerstörbar ist. Was kommt es darauf an, ob man fließendes Wasser auffängt oder es wegfließt, wenn die Quelle, aus der es geströmt ist, erhalten bleibt. Danach strebe, o mein Lucilius, und nichts wird Dich mehr erschüttern können. Leb wohl.*

*Dein Lucius Annaeus*

(Seneca, Brief 74)

*Lieber Lucius Annaeus,*

*Du forderst mich dazu auf, all mein Streben auf die Wahrheit zu richten, und ich muss Dir mitteilen, dass ich immer häufiger feststelle, nach dem Fehler zu streben. Denn ich denke, dass auch ein Fehler, wenn man ihn recht zu nutzen weiß, seine guten Seiten hat. Meiner Ansicht nach befindet sich der Mensch nämlich in einem finsteren Raum, aus dem er tastend einen Ausgang sucht. Wie macht er das? Er wendet sich in irgendeine Richtung, bis er schließlich von einer Mauer aufgehalten wird. Und diese Mauer ist der Fehler. Jetzt ändert unser Mensch seine Richtung und wagt sich erneut in die Dunkelheit, bis er wieder auf eine Wand – einen weiteren Fehler – stößt. Indem er nun aber Fehler auf Fehler begeht, findet er irgendwann den Ausgang, das heißt, die Wahrheit. Es kommt nur darauf an, dass er niemals innehält und sich stets behutsam vorwärts tastet, um sich nicht zu verletzen, wenn er auf die Wand stößt.*

*Egal, wie Du diesen Weg nun nennen magst, «Philosophie des Irrtums» oder «fortwährende Prüfung», jedenfalls hat mich diese Regel auf meinem Lebensweg immer begleitet. Man könnte auch sagen, die Weisheit besteht weniger darin, die Wahrheit zu kennen, als den Fehler zu erkennen. Weit gefährlicher könnte hingegen die hochmütige Überzeugung sein, sich stets auf dem richtigen Weg zu befinden. Nur weil uns das Glück vielleicht einige Male begünstigt hat, glauben wir plötzlich, dass uns nichts mehr wird aufhalten können. Und wenn wir dann doch wieder, völlig unerwartet, gegen eine Mauer laufen, wird der Aufprall sehr schmerzhaft sein.*

*Mit diesem Ratschlag, niemals nachzulassen, aber auch vorsichtig zu sein, sage ich Dir aus ganzer Zuneigung Lebwohl.*

*Dein Lucilius*

# Der richtige Mann

«Hast du in deinem Leben schon falsche Entscheidungen getroffen, die du später bereut hast?», frage ich Alessia, ohne allerdings eine Antwort zu erhalten.

Ich stelle die Frage noch einmal und merke jetzt erst, dass sie mit ihren Gedanken ganz woanders ist, Lichtjahre entfernt. Aber ich lasse nicht locker, und endlich gelingt es mir, zu ihr vorzudringen. Sie antwortet mir mit leiser Stimme:

«Gestern Abend habe ich mich von Enrico getrennt.»

«Was? Ihr habt euch getrennt? Und warum?»

«Früher sagte man, ‹wegen unvereinbarer Charakterunterschiede›, aber wenn du's ganz genau wissen willst: Ich hab's nicht mehr ausgehalten!»

«Aber du hast ihn doch geliebt.»

«Ja, und auf eine bestimmte Weise tue ich das auch jetzt noch. Aber ich bin noch zu jung, um zu versauern. Ich will etwas erleben, brauche starke Gefühle, Leidenschaft ..., all das eben, was mir Enrico nicht geben kann.»

«Dann wirst du, wenn ich deine Worte richtig deute, nun etwas mit Aldino anfangen?»

«Nein, völlig ausgeschlossen: Das wäre ein noch größerer Fehler. Nein, nein, ich werde mich an den Ratschlag von Lucilius halten. Ich werde im Finstern hin und her taumeln und immer wieder gegen Wände stoßen, bis ich irgendwann den Ausgang, das heißt, den richtigen Mann, gefunden habe.»

«Und wie müsste der sein, der ‹richtige Mann›? Vielleicht kenne ich jemanden, der deinen Vorstellungen entspricht, und könnte dich mit ihm bekannt machen.»

«So ungefähr wie du – nur dreißig Jahre jünger.»

# NACHWORT

Lucius Annaeus Seneca schrieb seinem Freund Lucilius einhundertvierundzwanzig Briefe, voll gepackt mit guten Ratschlägen, wie ein Zustand des Glücks zu erreichen sei, ohne sich dafür allzu sehr verausgaben zu müssen. Als Quintessenz dieser philosophischen Schriften lässt sich wohl festhalten, dass es, um glücklich zu leben, vollkommen ausreicht, einen Moment innezuhalten und sich auf das Gute zu besinnen, das wir bereits in der Seele tragen.

Einige dieser moralischen Briefe wurden in dem vorliegenden Buch wiedergegeben und, weil es so gut passt, gleich dazu auch die Antworten des Lucilius. Wie nicht anders zu erwarten, wurden dabei sowohl die Briefe Senecas als auch die Antwortschreiben des Lucilius recht frei interpretiert. Vollkommen frei erfunden sind die sich daran anschließenden kommentierenden Dialoge zwischen mir und meiner hübschen Ausgrabungsgefährtin, der Archäologiestudentin Alessia. Wer sich nun (noch) ernsthafter mit diesen Themen befassen möchte, sollte auf eine der vielen erhältlichen textgenauen Übersetzungen zurückgreifen oder die berühmten Briefe Senecas gleich im lateinischen Original lesen.

*Luciano De Crescenzo*